김정은.jpg

북한 이미지 정치 엿보기

이 도서의 국립중앙도서관 출판예정도서목록(CIP)은
서지정보유통지원시스템 홈페이지(http://www.seoji.nl.go.kr)와
국가자료공동목록시스템(http://www.nl.go.kr/kolisnet)에서 이용하실 수 있습니다.
CIP제어번호: CIP2015030432(양장), CIP2015030433(반양장)

김정은.jpg

북한 이미지 정치 엿보기

변영욱 지음 |

차례 | 김정은.jpg

• 추천의 글 _ 9
• 서문 _ 13

제1장
김정은의 이미지 정치

1. 김정은 사진은 조작되지 않는다   19
2. 아무도 따지지 않는 이미지 정치   23
3. 인민들과 신체 접촉 늘리는 김정은   25
4. 급한 성격 드러내는 김정은   29
5. 노동신문을 도배한 김정은 사진   33
6. 주머니에 손 넣은 김정은   37
7. 장성택의 죽음을 사진으로 보여주다   39
8. 토론하는 정치 시스템이 북한에도 있다?   42
9. 국가 이미치   45

제2장
이미지의 로직과 활용

1. 생방송을 활용한 대관식   51
2. 국제사회에 시위하는 김정은   54
3. 김정은의 웃음이 늘어난 이유   57
4. 손뼉 치는 엑스트라 인민들   59
5. 총과 망원경 수여 의식의 부활   61
6. 김정은의 미디어 코드   63
7. 쌍상 배지의 배급 순서   66
8. 이미지 정치의 승리   68

제3장
글로벌화해가는 북한 이미지

1. 해외에 사진 배급하는 북한   75
2. CNN에도 근접 촬영은 허가하지 않는다   79
3. 북한에도 외신 기자가 있다?   82
4. 조작 사진   85
5. 남북한은 지금 이미지 전쟁 중   89
6. 북한이 원하지 않는 이미지   93
7. 사진 촬영은 공격 행위   98
8. 북한 여성 아나운서들이 몸을 비트는 이유   100

제4장
기술 관료들의 역할

1. 김정은의 사진을 찍는 사람들   107
2. 정치적 변혁기에 큰 역할을 하는 김기남   109
3. 김정은 가족사진에 등장한 김기남   112
4. 5초간의 묵념과 사진 수십 장   115
5. 노동신문 주필 김기남과 '본사 정치보도반'   118
6. 김정일의 '구호 나무'도 김기남의 작품   121
7. 김기남이 할 수 있는 이미지 메이킹   124
8. 김정은의 초상화도 작업 중일까?   127
9. 신문 1면에 악보가 등장하는 나라   131
10. 김정은 사진 테크닉의 변화   134

제5장
김정일 건강 이상설 이후 이미지 전략

1. 1호 사진의 역사   139
2. 탈북자가 증언하는 1호 사진   142
3. 건강 이상설 이후 오히려 밝아진 김정일 사진   145
4. 키 높이 구두는 김정일의 자존심   148
5. 아픈 모습의 김정일, 베일을 벗고 나타나다   151
6. 조작된 사진의 등장   154
7. 김정은 등장 직전 북한 보도   156
8. "김정일이 아프다", 중국에는 다 보여준 북한   159
9. 김경희에게 우산을 빌려주다   162
10. 김정은이 이어폰을 낀 까닭은   164

제6장
김정일이 만든 시각적 전통, 그리고 김정은의 계승

1. 티저 광고를 활용한 김정은 공식 등장   169
2. 김정은의 등장 아무도 몰랐다   171
3. 김정은이 성형을 했다고?   174
4. 김정일 따라 하기   178
5. 백마 탄 김정은   180
6. 양복 입은 김정은   183
7. 희로애락을 표현하는 김정은   186
8. 김정은의 육성 신년사   188
9. 사인 정치   191

제7장
거대한 세트장

1. 이설주의 등장, 아무도 몰랐다   197

2. 이설주의 공식 등장은 시할아버지 참배   199

3. 이설주, 바지 입고 배지 떼고 목걸이 하고   203

4. 북한 주민들의 소원, 사랑의 기념사진   206

5. 거대한 세트 속 인민들   209

• 참고문헌 _ 215

• 후기 _ 223

• 찾아보기 _ 227

추천의 글

당연한 이야기이겠지만, 분단 이후 60년이 지나는 동안 북한은 항상 관심의 초점이었다. 통일의 대상이면서 현실적으로는 가장 위협적인 적이라는 우리와의 모순적 관계에서도 그러하지만, 보편적인 차원에서 보더라도 '유일 지배 체제'와 '3대 세습' 등 요즘 세상에서 보기 드문, 문자 그대로 희귀한 국가 사회이기 때문이기도 하다. 세계사적인 수준에서 보면 보잘것 없는 조그만 나라가 초강대국가와 맞서고 있고, 구시대의 유물이 된 듯한 사회주의 체제를 여전히 부여잡고 있으면서 핵 개발을 통해 세계에 으름장을 놓기도 한다. 20대 청년의 권력 세습과 3대에 걸쳐 실력자였던 고모부의 처형에 이르기까지 뉴스의 중심 자리를 놓치고 있지 않은 북한이 멀리 떨어진 남의 이야기였다면 우리는 그저 흥미롭게 가십거리로 즐길 수 있을 것이다. 그러나 문제는 앞에서 이야기했듯이, 북한 문제는 우리의 문제라는 사실이다.

이것은 남들보다 북한을 훨씬 제대로, 그리고 냉정하게 알아야 한다는 것을 의미한다. 재미있는 만담의 소재이거나 분풀이의 대상이기에는 북한은 우리의 삶 매일매일에 치명적으로 중요하기 때문이다. 그러나 북한 관련 사건이나 사고 소식이 나올 때마다 나오는 이야기들은 다 뻔한 내용의 반복이거나 이야기하는 사람들(이른바 전문가를 포함해)의 자유로운 '상상력'의 소산이거나 아니면 북한에 대한 개인적(혹은 집단적) 감정의 배설에 지나지 않는 경우가 대부분이다. 조금 심하게 말한다면 누구나 북한 전문가이지만 북한에 대한 전문적인 이야기를 하는 사람은 극히 드물다는 것이다. 이러한 현상은 김일성, 김정일, 김정은을 포함해 정치 문제가 아니라 북한의 경제나 사회, 문화에 다다르면 더욱 심각해진다.

진정한 북한 전문가 찾기가 만만치 않은 현실에서 이 책의 저자인 변영욱은 대단히 소중한 인재이다. 신문사의 중견 사진기자로서 지닌 전문성을 바탕으로 대학원에서 북한학을 정식으로 공부해 북한의 정치와 사회문화의 결합을 '1호 사진'이라는 고리로 설명하는 출중한 석사 학위논문을 제출했다. 석사 학위논문을 기초로 출간된 『김정일.jpg: 이미지의 독점』은 일본에서도 번역될 정도로 관심을 받았으며, 북한 사진에 대한 첫 번째 전문 서적이라고 해도 과언이 아닐 정도라고 생각한다. 그러나 변영욱은 여기서 그치는 것이 아니라 신문방송학의 영역에서 자신의 관심사를 학문적으로 더욱 발전시키고 있다. 사진기자로서 사건 현장을 누비는 한편, 박사 학위 과정을 성실하게 마쳤다. 그러면서도 최근 북한의 변화에 관해서 관심의 끈을 놓지 않았던 저자의 성실함이 드러난 것이 『김정은.jpg: 북한 이미지 정치 엿보기』이다.

이 책이 무엇보다 중요한 것은 단순히 상대적으로 관심의 영역에서 벗어나 있었던, 그러나 흥미의 대상이 될 수 있는 사진을 다루고 있기 때문만은 아니다. 북한에 대해 여전히 '인상비평'이 난무하는 현실에서, 특히 세습의 수혜자이자 철없는 젊은이로 가볍게만 취급되는 김정은에 대한 분석다운 분석이 부재하기 때문이다. 우습게만 보이는, 심지어 세계적인 해프닝으로까지 보이는 3대 세습이 어떤 메커니즘으로 이루어지고 있는지, 그것이 어떤 함의를 갖는지에 대한 치열한 연구나 분석이 없다면 북한에 대한 이야기는 또 다른 호들갑 떨기의 계기에 지나지 않을 것이다. 통일까지는 아니라 할지라도 분단의 굴레 속에 사는 우리의 삶을 조금이라도 바꾸고 싶다면 북한에 대한 생각이 아니라 생각의 방법이 조금은 발전할 필요가 있다. 이러한 맥락에서 이 책은 저자가 앞서 낸 책과 더불어 그 출발이 될 수 있을 것이다.

북한대학원대학교 교수

이우영

서문

북한의 현재 상태를 진단하고 앞으로 보일 행보를 예측하는 일은 어렵다. 북한 연구를 의사의 일에 비유하자면 오진誤診의 비율이 아주 높은 것이다. 이 책은 북한이 공식적으로 보여주는 사진을 분석하는 것이 북한을 진단하는 또 하나의 방법이 될 수 있지 않을까 하는 의도에서 기획되었다. 사진기자는 거짓말을 할 수 있어도 사진은 거짓말을 하지 않는다는 믿음도 있다.

북한이 내놓은 사진은 엄연한 북한의 현실이고 역사이다. 다만 그것을 제대로 진단하고 읽어내는 데는 사진 뒤의 논리와 배경에 대한 이해가 선행되어야 한다.

2011년 12월 19일, 북한은 12시 특별방송을 통해 12월 17일 8시 30분에 김정일이 사망했다고 발표했다. 그리고 열흘간의 장례 절차가 진행된 후 12월 28일 평양 금수산태양궁전 앞에서 열린 영결식을 끝으로 김정일의 철권통치가 끝났다. 1974년 2월에 후계자로 내정되고 1980년 제6차 당대회에서 후계자로 공인될 때까지 6년간을 포함해 북한을 통치한 지 37년 만의 일이다.

김정일의 죽음으로 말미암아 김정일 사진의 진위에 대한 문제 제기는 사라졌다. 대역代役이 존재한다는 소문도 있었지만, 김정일이 사망했다는 것은 애초에 대역이 존재하지 않았다는 것을 의미한다. 대역이 있다면 김정일은 이렇게 급하게 사라져서는 안 되기 때문이다.

김정은은 권좌에 오른 지 4년이 되어간다. 김정은의 권력은 외견상 안정되어 있다. 앞으로 몇 년간 권좌에 있을지 아무도 예상할 수 없다. 현대 미디어 정치 시대에 가장 완벽한 통제력을 가진 김정은이 앞으로 어떤 행보를 보일지 궁금하다. 김정은은 권력을 넘겨받은 지 2년이 채 안 된 2013년 12월, 고모부 장성택을 숙청하는 사진 몇 장을 세계 언론에 공개함으로써 '힘'을 과시했다. 굳이 보여줄 필요도 없고 여태껏 보여주지도 않던 정치 엘리트의 숙청 장면을 공개한 것은 김정은의 이미지 정치가 이전의 독재자들과는 다른 길을 가기 시작했다는 것을 의미한다.

≪동아일보≫의 한기흥 논설위원은 2014년 8월 9일 자 칼럼 "서른 살이라서 걱정이다"에서 "김일성, 김정일의 사망 때마다 제기됐던 북한 붕괴론이 모두 빗나간 것은 북 체제의 응집력을 도외시했기 때문이다. 수십 년에 걸친 세뇌로 김씨 일가를 신처럼 받드는 북 주민들이 근거 없는 신화myth에서 깨어나는 데는 오랜 세월이 걸릴 것이다"라고 걱정했다.

아버지 시대나 할아버지 시대와는 다른 이미지를 보여준다는 점도 주목해야 한다. 김정은은 훨씬 자유분방하고 대중적인 지도자의 이미지를 연출하고 있다.

게다가 인터넷이 발달하면서 이미지는 이제 국경을 넘어 전달되고 있다. 김정은의 얼굴은 이제 전 세계 언론이 주목하는 대상이다. 김정은은 집권 이후 사진 수천 장을 전 세계를 향해 쏟아내고 있다. 북한 체제와 행보의 특수성으로 말미암아 김정은의 사진은 이제 세계 언론에서 자주 다루어진다. 이제부터 북한의 사진을 보면서 사진의 진위를 따지는 것이 아니라, 이미지의 의도를 파악하는 데 주력해야 하는 시점이 되었다는 것을 의미한다. 북한의 이미지 정치를 비판적으로 검토하는 것은 미룰 수 없는 과제이다.

김정은의 사진이라는 '현상'을 설명해보고자 하는 것이 이 책을 쓴 이유이다. 한편으로는 김정은 사진이 선전 도구로서 우리 사회에 유입되는 데 대해 예방주사를 놓는다는 목적도 있다.

사진으로 북한을 보는 연구자이자 저널리스트로서 2008년에 첫 번째 졸저 『김정일.jpg: 이미지의 독점』을 내놓은 지 7년 만에 두 번째 책을 내놓게 되었다.

김정일은 매스미디어를 어떻게 활용하는지를 알고 있었다. 김정은은 그런 아버지가 만들어놓은 제도 속에서 출발했다. 그리고 제도를 바꾸지 않았다. 기존 제도의 활용을 극대화하면서도 동시에 자신의 장점을 활용하는 것, 이것이 김정은 이미지 정치의 가장 큰 특징이다.

영상 시대라는 세계의 흐름에서 북한도 예외가 아니다. 북한은 자신을 알리고 설명하며 홍보하기 위해 많은 이미지를 외부 세계에 배포하고 있다. 북한의 이미지들은 조선중앙통신사Korean Central News Agency: KCNA나연합뉴스 등의 공식적인 통로를 통해 외부에 전해지기도 하고, 탈북자나 북한 내부 통신원들의 카메라를 통해서 흘러나오기도 한다.

북한을 대상으로 하는 영상 이미지가 양적으로 늘어나면서 분석의 효용성과 필요성도 같이 높아지고 있다.

유튜브YouTube에 북한이 올리는 동영상에서 알 수 있듯이, 북한은 자신들이 보여주고 싶은 것만 보여주려고 한다. 북한이 우리에게 내미는 사진은 전략적 선택의 결과물이다. 북한은 시각 정보를 인민들과 국제사회에 던지면서 체제 선전과 권력의 정당성을 설득해나가고 있다. 또한 첨단의 선전 기법과 심리학까지 이용해 자신들의 지도자를 띄우고 있다. 독자와 시청자의 머리를 혼란스럽게 하려는 목적이 있는 것이다.

사진이 모든 것을 설명하지는 않지만, 많은 것을 설명해준다. 이 책은 북한의 아이콘이라고 할 수 있는 김정은의 사진 안에 숨겨져 있는 여러 겹의 의미를 읽어내고 독자 여러분과 함께 생각해보자는 의미에서 정리한 것이다.

북한이 공식적으로 외부에 유출하고 우리가 북한을 바라보는 하나의 창窓이기도 한 ≪노동신문≫과 조선중앙통신사 속 사진들이 이 책의 소재이고 출발점이다.

제1장

김정은의 이미지 정치

전 세계 지도자들이 자신과 국가의 이미지를 높이기 위해
노력하는 상황에서 유독 북한의 지도자는 악동의 모습을
보인다. 담배를 피우며 소총을 들고 사격 자세를 취한다.
그리고는 그다음 날 음악회에 가거나 미국의 전직 농구 선수를
만나 희희낙락거린다. 김정은의 이미지는 왜 냉탕과 온탕을
오갈까?

1. 김정은 사진은 조작되지 않는다

김정은이 2015년 4월 18일에 북한 전투 비행기 조종사들과 백두산 정상에서 찍은 기념사진이 조작이라는 의혹을 받았다. 김 제1위원장을 둘러싼 조종사 중 맨 뒷줄에 있는 16명이 서 있는 곳이 바위 위인데, 그들의 다리 사이가 하얗게 비어 있는 비현실적인 모습 때문에 의심을 받았다. 그런데 만약 16명이 서 있는 곳이 하나의 바위가 아니라 몇 개의 바위 더미라고 하면 얘기는 달라진다. 이런 사진은 충분히 나올 수 있는 것이다. 곧바로 공개된 동영상을 보더라도 바위 위에 군인 10여 명이 올라가 있다는 것을 알 수 있다.

우리는 북한이 외부 세계에 보여주는 사진이 속임수일 것으로 생각한다. 사회주의국가, 특히 3대 세습이 이루어진 특수 국가 북한이 발행하는 사진은 모두 거짓일 것이라는 선입관이 있는 것이 사실이다. 하지만 사진 그 자체는 있는 그대로를 보여준다. 다만 그것을 어떻게 해석하고 분석하느냐 하는 문제만이 남는다. 대단한 팩트는 아니더라도 사진은 체제와 현재 상황에 대한 힌트를 줄 수 있다. 북한 사진을 조작되고 왜곡된 것으로 치부해버린다면 우리는 사진이 가진 수많은 정보를 지나쳐버리는 우를 범할 수도 있다. 북한 사진의 조작 가능성은 0.1퍼센트 미만이다. 특히 김정은의 사진은 실제를 촬영한 것으로 보아야 한다. 북한에서 조작 사진을 찾기는 쉽지 않다. 아니, 실제로 조작 사진이 많지 않다. 2008년의 김정일 건강 이상설 이후 북한에 대한 관심이 높아지고 많은 외부 관찰자가 북한을 들여다보고 있지만, 조작 사진을 찾아낸 경우는 수해 사진에서 물의 깊

백두산에 오른 김정은과 공군
조종사들(≪노동신문≫, 2015
년 4월 18일 자).

이를 조작하거나(87쪽 사진 참조), 김정일의 사망 후 영결식을 보러 나온 시
민들의 모습 중 일부를 지운 사진을 발견한 경우 정도이다. 사진을 조작하
려면 누군가에게 실익이 있어야 한다. 가령 북한이 수해를 입은 대동강 변
의 사진에서 물의 높이를 포토샵Photoshop 프로그램으로 조작한 것은 피해
의 정도를 과장함으로써 국제사회의 동정과 달러 지원을 더 많이 받을 수
있는 이득을 얻는다. 하지만 김정은의 사진을 조작할 경우 실익보다는 위
험 요소가 더 많다. 사진 조작 사실이 발각되면 김정은은 '가짜'라는 국제
사회의 손가락질을 고스란히 받아야 하기 때문이다. 이런 부담스러운 상

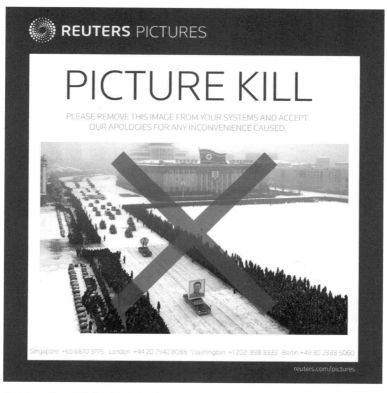

로이터는 북한 조선중앙통신사가 제공했던 사진에서 추모객 일부가 지워졌다면서 사진 전송을 취소한다고 밝혔다(로이터, 2011년 12월 28일).

황에서 김정은의 사진을 조작할 강심장의 사진가가 북한에는 없다고 보는 것이 타당하다. 더구나 김정은의 사진을 촬영하는 사진가들은 김정일 시대부터 전담하는 사람들인데, 북한 사회에서 사회적·경제적 위상이 낮지 않으리라는 것을 상상할 수 있다. 이 사진가들은 포토샵으로 사진을 조작해서 더 나은 대우를 받을 수도 있겠지만, 실패해서 외부에 조작이 탄로 날 경우 문책을 당해야 한다. 결국 김정은 전속 사진가라는 신분을 유지하는 목표가 중요하지, 모험은 중요하지 않은 것이다.

물론 김정은의 백두산 정상 기념사진이 사진이 조작되었을 가능성이 있다. 포토샵을 이용해 사람을 '따다 붙였을' 수도 있다. 그렇지만 김정은이 전투기 조종사들과 함께 백두산에 올라가 기념사진을 찍었다는 사실과 그 사진이 북한 내부에 전해져 김정은을 선전하는 데 활용되었다는 사실은 변하지 않는다.

2015년 5월 9일, ≪노동신문≫은 "김정은 동지의 직접적인 발기와 세심한 지도 속에 개발 완성된 우리 식의 위력한 전략잠수함 탄도탄 수중 시험 발사가 진행됐다"라며 여러 장의 사진을 공개했다. 바닷바람에 산발이 된 머리 모양으로 김정은 조선노동당 제1비서가 왼손에 담배를 든 채 카메라를 향해 웃고 있다. 뒤로는 수면 위로 떠오른 잠수함이 보인다. 미국의 북한 동향 전문 웹사이트 '38노스'가 위성사진 분석을 통해 잠수함 기지 인근의 바지선을 찾아내면서, 이날 공개된 사진이 조작되었다는 반론이 만만찮은 힘을 얻었다. 게다가 "최고 존엄이 위험한 미사일 시험 현장 바로 옆에서 참관할 리 없다"라는 주장도 사진 조작설에 힘을 실었다. 하지만 김정은이 서 있는 곳이 넓은 바지선 위이고 따라서 카메라맨이 움직일 수 있는 일정한 공간이 확보된다면, 표준 렌즈보다 조금 길고 신문기자들이 일반적으로 사용하는 70~200밀리미터 망원렌즈로 충분히 촬영할 수 있는 앵글이라는 것이 대다수 한국 사진기자들의 견해였다.

2. 아무도 따지지 않는 이미지 정치

현대 정치에서 매스미디어를 통한 정치인의 이미지는 점점 중요해지고 있다. 권력자들의 미디어 활용 능력은 강한 리더십의 주요 자원 중 하나이다. 오창룡 박사는 「프랑스 사르코지 대통령의 이미지 정치와 위기 리더십」이라는 논문에서 "과거와 달리, 정치인 이미지는 핵심 관리 대상이 되었으며, 언론 및 여론에 대처하는 능력은 정치적 성공을 위한 필수 조건이다"라고 말한다.[1]

독재적인 통치를 할 수 있는 북한에서 정치 지도자가 미디어를 활용하리라는 것은 삼척동자도 다 안다. 그러면 우리는 북한의 미디어 정치에 대해서 얼마나 알고 있을까?

1948년에 정권이 수립된 이후, 특히 김정일이 북한 정치에 첫발을 디딘 1967년 이후 현재까지 45년 이상 북한의 선전 담당자들은 노하우를 축적해왔다. 그 결과를 지금 우리가 보고 있다.

김정은의 이미지는 고도로 숙련된, 그리고 좀처럼 교체되지 않는 프로페셔널이 생산해 세계로 배포하고 있다. 2013년 3월 말에 미국의 ≪디 애틀랜틱The Atlantic≫은 ≪노동신문≫ 1면에 실린 북한군의 훈련 사진에서 공기 부양정이 가짜라는 사실을 밝혀냈다(86쪽 사진 참조). 대단히 치밀하게 분석한 결과였다. 이런 분석만으로 충분할까? 북한 내부에서는 이 사

---

1 오창룡, 「프랑스 사르코지 대통령의 이미지 정치와 위기 리더십」, ≪한국정치연구≫, 제21집 제2호(2012년 6월), 325쪽.

실을 아는 사람이 거의 없다. 우리는 북한이 인터넷으로 제공한 사진을 통해서 훈련 모습을 보았고, 그 과정에서 해상도가 높은 사진으로 내려받아 분석할 수 있다. 북한 주민들은 《노동신문》에 실린 흑백사진으로 훈련 모습을 본다. 설령 어설픈 포토샵 조작의 흔적을 발견한 북한 주민이 있다 하더라도 혼자만 알 뿐 옆 사람에게 이야기하지 않는다. 북한에서는 정부가 하는 말과 행동, 그리고 정부가 운영하는 신문의 기사와 사진에 대해 아무도 '토'를 달지 못하기 때문이다.

우리가 북한을 충분히 보고 있기는 하다. 미국이 보유한 인공위성이 촬영한 사진을 통해서, 누군가 북한 안에서 몰래 촬영한 동영상을 통해서, 그리고 북한의 허가를 받아 평양에 상주하는 미국의 AP Associated Press가 촬영한 사진을 통해서 북한을 보고 있다. 하지만 이런 방법 역시 충분하지 않다.

북한이 공식적으로 배포하는 사진에 대해서, 그리고 다양한 방법으로 촬영되어 전파되는 북한의 이미지에 대해서도 좀 더 깊은 성찰이 필요한 시점이다. 김정은은 주목받아야 하는 정치적 과제를 갖고 있고, 주목받기 위해 안간힘을 쓰고 있으며, 더 주목받기 위해 더 위험한 일을 할지도 모른다. 주목받기 위해 지금은 이미지를 쏟아내고 있지만, 그다음은 실제 행동을 통해 주목받으려고 할 수도 있다.

김정은은 아버지나 할아버지와 달리 젊다. 힘이 좋고 피부는 탱탱하다. 사진이 잘 받는 자신의 외모를 한껏 활용해 이미지 정치를 할 수 있는 조건이다. 게다가 북한 내부에는 김정은의 사진에 대해 왈가왈부할 수 있는 평론가도 존재하지 않는다.

아무런 견제 없이 생산된 김정은의 이미지는 인터넷과 뉴스 통신사의 라인을 타고 전 세계로 뿌려진다. 이제 북한이 내놓은 사진의 조작 여부에 대한 지적보다는 북한의 이미지 정치와 진검승부를 해야 할 때이다. 이미지 속 모습처럼 북한이 정상 국가인지, 김정은은 어떤 이미지로 자신을 포장하는지에 대해 살펴보아야 할 때이다.

3. 인민들과 신체 접촉 늘리는 김정은

김정은은 인민들을 상대로 신체 접촉을 스스럼없이 한다. 김정일 위원장은 외국 정상을 만나 악수하는 경우를 제외하고 인민이나 군인들과 직접 신체 접촉을 하는 장면을 텔레비전 화면을 통해서는 거의 보여주지 않았다. 1995년 1월에 최고사령관 축하 꽃다발을 받은 후 군인 한 명과 악수하는 모습 또는 ≪노동신문≫ 2012년 2월 1일 자 2면에 실린 "인민들의 열렬한 환호에 답례하시는" 사진 등 몇 장만이 있을 뿐이다. "인민들의 열렬한 환호에 답례하시는" 사진은 1995년 7월에 촬영된 사진인데, 버스 안에 탄 김정일이 창밖의 인민들을 향해 손을 흔드는 사진이다. 김정일 추모 화보 지면을 만들기 위해 ≪노동신문≫이 자신들이 가진 데이터베이스 전체를 뒤져 겨우 찾아낸 사진일 가능성이 크다. 하지만 이 사진에서도 김정일과 인민들의 신체 접촉은 없다.

이에 비해 김정은의 신체 접촉은 아주 적극적이다. 여자뿐만 아니라 남자 군인과 팔짱을 끼고, 병사들과 귓속말을 하며, 어린이의 뺨을 어루만지

1995년 7월, 김정일이 버스 안에서 인민들을 향해 손을 흔들고 있다(《노동신문》, 2012년 2월 1일 자, 2면).

는 모습을 보여준다. 최근 북한이 공개하는 사진과 화면 속에서 김정은의 스킨십이 자주 눈에 띈다.

김정일 시대에는 전혀 그 사례를 찾아볼 수 없었지만, 김정은 시대에 흔히 나타나는 사진의 종류로 세 가지가 있다. 첫째, 군중 속에 둘러싸인 김정은이다. 기쁨에 울먹이는 수많은 군중 속에 김정은이 서 있는 사진은 김정일 시대에는 상상조차 할 수 없는 사진이었다. 때로는 얼굴이 제대로 안 보일 정도로 많은 사람에 둘러싸여 있기도 하다.

둘째, 뒷모습의 김정은이다. 김일성 시대도 마찬가지이고 김정일 시대에도 최고 지도자의 뒷모습은 금기에 가까웠다. 하지만 김정은의 뒷모습을 찍는 경우가 흔해지고 있다. 주로 대중이 모이는 행사에서 연설하거나 행사를 관람하는 김정은의 뒷모습이 보인다. 행사의 규모를 강조하기 위

평양 기초식품공장을 방문한 김정은이 근로자들 사이에서 웃고 있다(《노동신문》, 2013년 6월 8일 자).

해 사진을 고르다 보니 앞모습보다는 뒷모습이 선택되는 것이다. 김정은이 실제로 대중 행사를 많이 치르면서 나타나는 현상이다. 북한이 잠수함에서 미사일을 발사하는 데 성공했다고 보도한 2015년 5월 9일 자 신문에서도 김정은의 뒷모습 사진이 보인다. 손짓을 하는 김정은 뒤에 카메라가 있다. 저 멀리 화염을 뿜으며 상승하는 미사일이 보인다. 지도자의 모습을 뒤에서 촬영한 사진은 신문을 읽는 사람과 지도자가 무엇인가를 "함께 본다"라는 느낌을 준다. 김정은이 지도하는 각종 건설 현장과 군사훈련을 강

김정은의 뒷모습은 무언가를 보여주고 싶은 열망의 표현이다(《노동신문》, 2015년 5월 9일 자).

조하는 촬영 기법이다. 이 같은 기법은 주민들에게 부유하고 강한 북한을 보여주고 싶은 김정은의 열망을 반영한다. 손을 들어 길잡이 노릇까지 하고 있다.

셋째, 인민들과의 신체 접촉이다. 김일성 사망 이후 3년이 지나서야 북한의 명실상부한 최고 권력자가 되었던 김정일의 당시 나이는 55세였으므로 몸동작이 둔할 수밖에 없었을 수도 있다. 반면 나이가 서른이 채 안 된 김정은의 경우 활력이 넘치는 모습으로 화면에 등장하는 것은 당연하다고도 볼 수 있다. 하지만 나이 많은 남성과 팔짱을 끼거나 손을 잡은 채 걷는 모습은 예전의 김정일 시대에는 그런 사례를 거의 찾을 수 없다는 점에서 김정은이 특별한 목적을 위해 연출하는 것으로 분석된다. 김정일은 건강 이상설 이후 불편한 몸으로 현지 지도를 하면서 몇 차례 옆 사람의 부축을 받는 모습을 보여준 것이 전부였다.

2012년 4월 10일 자 《노동신문》에 따르면 김정은은 김정일이 사망했을 당시 "우리 모두 팔을 끼고 어깨 걸고 이 준엄한 시련을 이겨냅시다"라고 선언했다. 이지순 북한대학원대학교 연구교수는 이것을 일심동체의 상징적 슬로건으로 해석했다.[2] 이 슬로건은 실제로 사진에서 스킨십 사진으로 나타났다. 김정은이 병사들과 팔짱을 낀 사진은 2012년 1월 1일에 제105탱크 사단을 시찰하면서 찍은 기념사진이 처음이다. ≪노동신문≫에 실린 2012년 1월 21일 자 '정론'의 제목이기도 한 "팔을 끼고 어깨를 걸고"는 이전에는 볼 수 없던 사진 속 포즈로서 김정은이 자신에 맞게 새롭게 창조한 이미지인 것이다.

4. 급한 성격 드러내는 김정은

북한 김정은의 사진에서 읽어야 하는 몇 가지 의도나 힌트가 있다. 첫째, 김정은의 존재를 인정받으려고 한다는 점이다. 1980년대에 환갑의 나이를 훌쩍 넘긴 김일성의 후계자로 김정일이 결정된 후 북한의 각 부문에는 세습의 정당화라는 숙제가 내려졌을 것이다. 1987년 2월, 김정일의 마흔다섯 번째 생일을 앞둔 시점에 북한은 백두산 밀영을 부각하는 캠페인을 시작한다. 1987년 여름에 북한은 외국 기자들을 밀영으로 초청했다. 혁명 시절을 강조함으로써 혁명을 지속하기 위해서는 김일성의 피를 물려받은 김정일이 제격이라는 논리를 만들어냈다. 김정일의 탄생지인 밀영을 반복적으로 보여줌으로써 특별한 존재라는 이미지를 덧씌우는 방법은 그 이후

---

2   이지순, 「김정은 시대 북한 시의 이미지 양상」, ≪현대북한연구≫, 제16권 1호(2013), 268쪽.

몇십 년간 이어졌다.

그렇다면 김정일 사후 김정은 시대의 최우선 과제는 무엇일까? 김정일
의 갑작스러운 사망에 김정은이 우선 처리할 숙제 역시 김정일 시대 초반
과 마찬가지로 체제의 조속한 안정화였다. 게다가 김일성 탄생 100주년을
맞는 시점에 정권을 이양받았던 김정은은 '이밥에 고깃국'으로 상징되는
강성 대국을 인민들에게 내놓아야 하는 정치적 과제까지 물려받았다. 공
백기 없이 강성 대국으로 가야 하는 과제를 안고 있는 김정은은 미디어를
통해 인민을 안심시키는 전략을 택했다.

사회적 부와 부귀영화를 증명하는 실질적인 무언가를 보여주는 것이
중요하다. 특히 남한 드라마를 거의 동시에 보는 북한 주민들까지 있는 상
황에서 김정은은 구체적인 성과를 통해 정당성을 확보하려 하고 있다.

≪노동신문≫의 지면에서 신축 건물 사진과 유원지 사진이 반복되는
것은 이러한 맥락에서 이해될 수 있다. 김정은의 미디어 정치는 급하게 미
래를 보여주어야 하는데, 그것도 가시적 형태로 보여주어야 한다는 특징
을 가지고 있다. 경제 회복이 더디게 진행되고 있지만, 폭죽이 평양 시내
에 계속 터지고 그 장면이 매스미디어를 통해 계속 보도되는 것도 이런 이
유이다.

둘째, 실재감을 강조한다는 점이다. 김정일은 현지 지도를 나가면서 보
안에 신경 썼다. 자신의 동선에 대한 힌트가 노출되지 않도록 신경 쓰는
모습이었다. 북한 기자들은 김정일의 행보를 동영상으로 찍어놓고도 보도
에는 활용하지 않았다. 대신 사진 몇 장으로 TV 화면을 구성했다. 김정은
시대에도 보안은 철저하다. 누가 찍었는지, 언제 찍었는지에 대한 정보가

김정은의 왼쪽 다리 쪽에 로열 마크가 보인다(≪노동신문≫, 2012년 1월 23일 자).

없다. 디지털카메라로 촬영된 사진 한 장 한 장에는 원래 촬영 시간, 카메라 기종, 렌즈, 셔터 속도 등의 촬영 정보인 '메타 데이터'가 함께 기록된다. 하지만 북한은 촬영 정보를 지운 후 외부에 사진을 배포한다. 김정일 장례식 때 사진 몇 장에 메타 데이터가 지워지지 않은 채 외부에 노출된 적이 있지만, 이는 전국에서 갑자기 차출된 사진가들이 일을 하는 과정에서 실수한 것이다. ≪노동신문≫ 기사에서도 김정은의 현지 지도 날짜를

시계가 5시 30분을 가리키는 것으로 보아 김정은이 낮술을 권하고 있다(≪노동신문≫, 2012년 9월 5일 자).

표기하지 않는다. 1970년대 후반부터 굳어온 관행이다. 그런데 김정은의 사진에는 날짜가 병기되는 경우가 있다. "3월 23일 군부대를 방문했다", "3월 27일 군사 명령을 하달했다" 등이다. 전례 없이 김정은의 동선에 대해 장소와 날짜를 분명하게 보이는 것은 김정은의 행보가 실제 상황이라는 것을 외부 세계가 알아야 한다는 신호로 보인다.

셋째, 급한 성격임을 알 수 있다. 김정은이 단체 사진을 찍기 위해서는 김정은이 가운데에 서야 한다. 철재로 만들어진 조립식 연단의 맨 아래쪽 가운데에는 가로 2센티미터, 세로 5센티미터 정도의 빨간색 테이프가 붙어 있다. 김정일의 경우 정확하게 다리로 그 마크를 가렸다. 그러나 김정은은 대충 서서 찍거나 다리를 벌리기도 해서 마크가 보인다. 조심성이 떨어지는 성격을 보여준다.

김정은이 주민들의 집들이에 간 적이 있었다. 서너 집을 돌아다니는 모습을 북한이 공개했는데 공통된 집들이 선물이 있었다. 평양소주였다. 안주도 없는 술상에는 잔만이 놓여 있고 김정은이 소주를 따르는 모습이 보인다. 그리고 그날 공개된 다른 사진에서 김정은의 얼굴은 평소보다 상기되어 있었다.

2014년 2월 4일, 평양 육아원을 둘러보는 김정은은 어린이들이 먹고 공부하는 실내에 구두를 신은 채 들어가 있다. 웃고 화내는 등 사진에서 희로애락을 잘 드러내는 것은 김정은의 급한 성격을 이해하는 힌트가 될 수 있을 것이다.

5. 노동신문을 도배한 김정은 사진

북한은 엄청난 양의 사진을 인터넷과 뉴스 통신사를 통해 국제사회에 배포하고 있다. 김정은 시대에 들어 사진의 양은 더욱 증가했다. 김정은은 할아버지나 아버지와 달리 북한 사회에서 정치적 실적이나 네트워크를 갖지 못한 채 최고 지도자 자리에 올랐고, 카리스마 구축이라는 정치적 과제를 갖게 되었다. 따라서 자신의 존재감을 증명하기 위해 이미지를 통한 광고와 홍보를 공격적으로 이어가고 있다.

북한은 우선 김정은이 잘 보이도록 노력한다. 큰 사진을 싣거나 가운데 선에 주인공을 위치시키는 것이다. 이 방식은 김일성 시대부터 이용되는 방식인데, 특히 사진의 크기는 예전보다 훨씬 커졌고 사진이 게재되는 빈도는 늘었다.

2013년 3월 29일 자 북한 ≪노동신문≫에는 김정은 사진이 모두 13장 게재되어 있다. 기사의 양을 최소화하면서 김정은 사진을 최대한 게재하는 형식이다.

1면에는 조선인민군 전략로켓군의 화력 타격 임무 수행과 관련한 작전회의를 긴급 소집했다며 군 관계자 네 명과 함께 서류를 검토하는 사진, 그리고 전략 로켓들이 임의의 시각에 미국 본토와 미군 기지를 타격할 수 있게 사격 대기 상태에 들어갈 것을 지시한다는 기술준비공정계획서에 최종 수표手票(사인sign)하는 사진 등 2장을 게재했다. 이 장면들은 이날 새벽 0시 30분에 촬영된 것으로 표기되어 있다.

2면에는 전국선전일군대회가 진행되었다며 연설하는 모습과 회의의 전체 모습을 보여주는 사진 2장을 게재했다.

3면에는 전국선전일군대회에서 연설하는 또 1장의 사진과 함께 회의의 전체 모습을 보여주는 사진 2장 등 총 3장의 사진을 게재했다.

4면에는 약 750명에 달하는 선전대회 참가자의 기념사진 3장이 게재되었다.

5면에는 약 850명에 달하는 선전대회 참가자의 기념사진 3장이 게재되었다. 이날 4면과 5면에만 참가자 약 4800명의 얼굴이 게재되었다.

6면 체제인 ≪노동신문≫에서 1면부터 5면까지에 김정은의 얼굴이 들어갔고 4면과 5면은 제목을 제외한 전체가 김정은 사진으로 채워졌다. 1면부터 6면까지 전체 지면의 70퍼센트가량이 김정은 사진으로 채워진 것이다.

김정일 사망 이후 김정은이 최고 지도자로 등극한 2012년 1월 1일에서 2013년 5월 31일까지 총 516일 치 ≪노동신문≫을 샘플로 정해 김정은 사진의 양을 체크해보았다. 이 기간에 ≪노동신문≫에 게재된 김정은 사진은 총 599장이다. 하루에 여러 장이 게재되는 경우가 많으므로 매일 김정은의 사진이 실린 것은 아니지만, 평균 하루 1장 이상의 사진이 게재된다는 점에서 빈도는 전 세계 최고이다.

가장 많이 게재된 형식인 단체 기념사진은 모두 191장으로 전체의 34퍼센트에 달한다. 3장 중 1장 이상이 단체 기념사진인 셈이다. 기념사진에는 군인이나 인민 수백 명이 함께 등장하는데, 가장 많은 경우 사진 1장에 1925명이 들어가 있다. 기념사진 191장 중 175장(2012년 1월 1일~2013년 3월 31일까지 455일 치) 속의 등장인물을 간부를 제외하고 다 합쳐보니 약 12만 4000명이었다. 현지 지도 사진이 166장(29.7퍼센트), 행사 사진이 154장(27.5퍼센트)이다. 북한을 방문한 외빈을 만나는 사진은 총 7장으로 1.3퍼센트에 지나지 않는다. 북한이 외교적으로 고립되어 있다는 것을 단적으로 보여준다. 하지만 내부적으로는 거의 매일 김정은의 사진이 매스미디어를 통해 인민들에게 전해진다.

가장 많은 사진을 게재한 날은 2012년 7월 26일이다. 이날은 이설주가

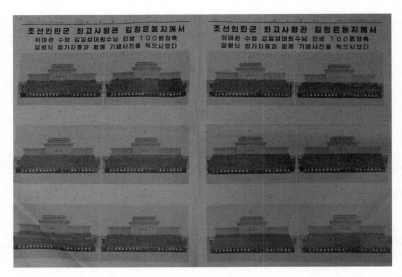

너무 많은 인원을 사진에 넣다 보니 이제는 누가 누구인지를 분간할 수 없는 지경에 이르렀다(≪노동신문≫, 2012년 4월 21일 자).

실명으로 처음 등장한 날이었는데, 여섯 개 면에 김정은 사진 총 28장을 게재했다.

프로파간다에서 반복 효과가 크다는 것은 제2차 세계대전 당시에 나치의 선전부 장관이었던 요제프 괴벨스Joseph Goebbels의 말을 통해 잘 알 수 있다. 괴벨스의 선전술은 "대중은 가장 친숙한 정보를 진실이라고 믿는다"라는 단순한 이야기에 근거한 것이다. 괴벨스는 대중이 생각보다 단순하다고 폄하하면서 "프로파간다는 항상 기본적으로 단순하고 반복되어야 한다"라고 말했다. 또한 괴벨스는 구체적인 선전의 방식으로 "지식인의 반대를 무릅쓰고 모든 문제를 가장 단순하게 축소시키고, 단순한 용어와 형태로 끊임없이 반복할 수 있는 배짱을 가진 자만이 여론을 움직이는 데 성공

할 것이다"라고 주장했다.[3]

북한의 선전술은 많은 자원과 머리가 합쳐진 결과물이다.

6. 주머니에 손 넣은 김정은

김정일 이후 3대 세습에 나선 김정은은 처음에는 할아버지의 풍채와 행동을 고스란히 재현하는 방식으로 정당성을 확보해왔다. 하지만 시간이 갈수록 김정은의 행동에 할아버지나 아버지와는 다른 파격이 보인다.

2012년 5월 24일에 북한 조선중앙텔레비전이 공개한 김정은의 현지 지도 동영상 속에서 김정은은 바지 주머니에 손을 넣은 상태로 이야기하거나 듣는 모습으로 등장했다. 같은 해 4월 26일 자 ≪노동신문≫ 4면에는 만수교 고기 상점 준공식에 간 김정은의 사진이 전체 지면을 차지했는데, 사진 일곱 장 중 여섯 장이 모두 바지 주머니에 손을 넣은 모습이었다.

아버지와 할아버지가 대중 행사에서 윗옷 점퍼 주머니에 손을 넣고 이야기하는 경우는 가끔 있었지만, 바지 주머니에 손을 넣고 이야기하는 모습은 노출하지 않았었다. 동양 정서에서 나이 어린 사람이 바지에 손을 넣고 이야기를 하는 모습은 예의 없는 행동으로 생각하는 것이 일반적인데, 북한이 이런 사진을 공개하는 것은 아주 이례적이다. 김정일은 아버지가

---

3   안토니 R. 프랫카니스·엘리엇 아론슨,『프로파간다 시대의 설득 전략』, 윤선길 외 옮김(커뮤니케이션북스, 2005), 188~189쪽.

김정은이 인민군 해군 155군부대의 식당을 둘러보고 있다(≪노동신문≫, 2012년 4월 7일 자).

살아 있을 때는 두 손을 앞으로 모아 포개어 잡는 공수拱手 자세를 취했다. 김일성과 김정일이 함께 동등한 자세로 이야기를 나누는 모습을 촬영해 일반 가정에 액자로 보급한 '사업 토의상'은 김일성 사후에 대중화된 이미지였다. 윗주머니에 손을 넣고 말을 하는 것은 할아버지의 트레이드 마크였는데, 손자인 김정은은 바지 주머니에 손을 넣고 있다. 이런 사진이 처음 등장한 것은 2012년 4월 7일부터이다. 아버지 김정일은 감히 하지 않았던 과감한 포즈이다. 젊은 시절 김정일은 아버지의 절대 권력 아래에 있었고, 따라서 주머니에 손을 넣는 포즈는 최대한 자제했다. 김정은은 할아버지나 아버지와 차별화할 수 있는 포즈를 찾아냈을 가능성이 크다.

공연을 관람하면서 삐딱하게 앉아 있거나, 한쪽 다리에만 힘을 주고 비스듬히 서 있고, 다리를 벌린 채 앉아 있는 모습의 화면이 공개되고 있는 것도 주목할 만하다.

과감한 포즈의 김정은 사진과 영상이 반복적으로 등장하는 것은 김일성과 김정일보다 훨씬 카리스마가 있는 지도자의 모습으로 보이기 위한 연출인 것이다.

7. 장성택의 죽음을 사진으로 보여주다

김정은이 권력의 2인자이자, 고모부인 장성택을 전격적으로 처형하고 장성택의 죽음을 암시하는 사진 세 장을 공개했다. 장성택의 마지막 모습을 담은 사진은 북한의 상황에 대해 몇 가지 이야기를 해준다. 최소한 1980년대 이후 한 번도 공개되지 않았던, 정치 엘리트를 숙청하는 사진이 김정은 집권 2년 만에 공개되었다는 것은 북한의 이미지 정치에서 중요한 의미가 있다.

조선중앙텔레비전은 2013년 12월 9일 오후 3시 18분께 뉴스 시간에 당 정치국 확대회의 소식을 전하면서 앉아 있던 장성택 국방위원회 부위원장이 군복을 입은 인민 보안원 두 명에게 체포되어 끌려나가는 사진을 화면

장성택의 숙청 장면(《노동신
문》, 2013년 12월 13일 자).

으로 방영했다. 이날 장성택이 나온 사진은 모두 두 장이었다. 자리에서
일어나는 사진과 끌려가는 사진이었다. 북한 방송은 안경을 낀 채 장성택
이 끌려가는 장면을 바라보는 김정은의 클로즈업 사진도 방영했다.

북한은 또한 장성택 전前 국방위원회 부위원장을 처형했다고 12월 13
일 조선중앙통신사와 《노동신문》을 통해 밝혔다. 조선중앙통신사에 따
르면 장성택에 대한 조선민주주의인민공화국 국가안전보위부 특별 군사
재판이 12일 진행되었고, 공화국 형법 제60조에 따라 사형이 집행되었다.

《노동신문》 2면 하단 오른쪽에 실린 사진에서 장성택은 양손이 묶인
상태로 안전보위부원 두 명에게 목과 팔을 잡힌 채 구부정하게 서 있다.

장성택은 결국 사진 총 세 장으로 숙청이 증명되었고, 이 사진들은 전
세계 언론의 1면을 장식했다. 장성택의 죽음을 암시하는 이 사진들이 주
는 시각적 충격은 엄청나다. 2013년의 북한을 상징하는 이미지로 사람들
의 머릿속에 오랫동안 남을 것으로 예상한다. 보통 이 정도로 많은 언론에
게재되고 강렬한 인상을 남긴 사진은 '특종 사진'으로 대우를 받는다. 그

리고 그 사진을 찍은 사진기자에게는 큰 영예가 따라다닌다. 하지만 장성택 숙청 사진은 경쟁이 없고 프로파간다를 위해 권력이 준비한 사진이므로 보도사진이라고 할 수도 없으며, 당연히 특종 사진의 대우를 받을 수도 없다.

익명을 요구한 한 북한 전문가는 2013년 12월 14일 자 ≪동아일보≫ 기사를 통해 "김정은이 스위스 유학 생활 경험 등을 토대로 최소한의 법치주의 흉내를 내는 것일 수도 있지만, 이런 일련의 과정 공개는 결국 '김정은식 공포정치'의 확대와 강화를 위한 조치로 봐야 한다"라고 말했다.[4]

국제 언론 감시 단체인 '국경 없는 기자회Reporters Without Borders'도 2013년 12월 19일에 발표한 성명을 통해 "김정일 사망 2주기 행사 보도와 함께 나온 장성택 처형에 관한 (북한의) 광범위하고 계획적인 보도는 전 한반도 주민과 국제사회에 보내는 협박성 메시지를 상징한다"라고 비판했다. 이 단체는 또 "이런 선전은 (북한) 체제가 노동당의 고위 관료이며 4성 장군이자 현 지도자의 고모부인 장성택의 처형도 주저하지 않는다는 점을 부각했다"라고 지적하면서 "그러한 공포 분위기는 언론 자유가 거의 없는 정밀한 감시 사회인 북한을 짓누를 것"이라고 우려를 표명했다.

게다가 많은 언론은 장성택의 얼굴과 손에 멍이 있는 것 같다고 분석했다. 이러한 분석은 북한 내부에서 이 사진을 본 북한 주민들의 눈으로도 할 수 있을 것이다. 멍까지는 아니더라도 그 공포의 분위기는 북한 주민들

---

4 "北 장성택 판결보도문으로 본 '김정은 체제 2년'", ≪동아일보≫, 2013년 12월 14일 자, A2면.

에게 그대로 전달되었을 것이다. 결국 북한은 장성택의 재판 과정 사진을 통해 공포감을 야기하는 데는 성공했지만, 한편으로는 체제의 비민주성과 잔인함도 스스로 증명했다.

8. 토론하는 정치 시스템이 북한에도 있다?

2013년 1월 27일, 북한 조선중앙통신사는 김정은 국방위원회 제1위원장이 국가안전 및 대외 부문 일군협의회를 주재하는 장면을 공개했다. 김정은 국방위원회 제1위원장부터 시작해 시계 방향으로 김계관 내각 외무성 제1부상, 김영일 당 국제 비서, 김원홍 국가안전보위부장, 최룡해 군 총정치국장, 현영철 군 참모총장, 홍승무 당 부부장, 박도춘 노동당 군수 담당 비서가 앉아 있다. 처음으로 공개된 이 협의회에 대해 ≪조선일보≫는 한국의 국가안전보장회의National Security Council: NSC의 북한 버전이라고 비유했다.[5] 국가안전보장회의는 대통령을 의장으로 하고, 국무총리와 국가정보원장, 통일부 · 외교통상부 · 국방부 장관과 대통령비서실장, 국가안전보장회의 사무처장 등 여덟 명으로 구성되며, 대통령의 필요에 따라 소집된다. 그리고 상임위원회와 사무처를 두어 통일 · 외교 · 안보 현안에 관한 정책을 지속해서 심의한다.

북한 역시 하나의 국가이고 통일 · 외교 · 안보 현안이 존재하므로 이런

---

5 "북, 3차 핵실험 또 시사", ≪조선일보≫, 2013년 1월 28일 자.

1948년 이후 한 번도 공개되지 않았던 북한의 회의 모습(≪노동신문≫, 2013년 1월 27일 자).

회의체가 실제로 존재할 수 있다. 그런데 왜 북한은 1948년 정권 수립 이후 한 번도 공개하지 않았던 이 회의 사진을 공개한 것일까?

회의가 공개된 이 시점은 북한과 국제사회가 핵실험을 두고 공방을 벌이던 시기였다. 나흘 전인 1월 23일, 유엔안전보장이사회는 전달에 북한이 장거리 미사일을 발사한 것에 대해 우려한다는 공감대를 갖고, 만장일치로 대북 제재 결의안(2078호)을 채택했다. 이에 대해 북한은 곧바로 외무성 성명을 내고 "핵 억제력을 포함한 자위적 대응 조치들을 취하게 될 것"이라고 국제사회를 위협했다. 북한은 1월 27일에는 김정은 주재 국가

앉아서 지시하는 김정은과 서서 받아쓰는 군 간부들의 모습은 절대 권력의 정도를 보여준다(≪노동신문≫, 2013년 7월 3일 자).

안전 및 대외 부문 일군협의회 사진을 공개하면서 김정은이 "해당 부문 일군들에게 구체적인 과업을 제시했다"라고 공개했다.

북한의 유례없는 회의 장면 공개는 북한에 대한 국제사회의 압박이 유엔안보리라는 회의 형식을 통해 시작된 것에 대한 나름의 계산된 대응이라는 추정을 할 수 있다. 중국 대표와 러시아 대표까지 참여한 안보리 회의를 통해 북한에 대한 제재를 결정하자 북한은 자신들도 주권을 가진 '국가'라는 점을 강조하기 위해 회의 장면을 공개한 것으로 볼 수 있다. 중요

현안을 토론과 협의를 통해 결정한다는 것을 강조하려는 의도이다.

하지만 북한이 이날 공개한 사진 서너 장에서 나타나는 몇 가지 특징은 북한이 아직 국제사회와는 다른 분위기에서 운영되는 국가라는 점을 보여준다. 북한 방송에서도 동영상이 아닌 사진만이 공개되었다. 정보의 불투명성을 그대로 보여준다. 또한 사진을 통해서 김정은이 아버지와 마찬가지로 정보를 독점하는 스타일일 가능성이 크다는 것을 알 수 있다. 이날 회의에 참석한 여덟 명 중 서류를 가지고 있는 사람은 김정은과 김계관 두 명뿐이다. 다른 참석자들은 어떤 서류도 없이 단지 메모지만 가지고 있다는 점도 북한이 최고 지도자 한 사람이 정보를 독점하고 독단적 의사 결정을 할 가능성이 있다는 것을 상징적으로 보여준다. 참석자 모두 김정은의 지시를 받아쓰기 위해 볼펜을 들고 있지만, 김정은은 오른손에 볼펜 대신 담배를 들고 있다. 흡연의 자유가 보장된 사회라기보다는 권력 크기가 현저하게 차이가 난다는 것을 보여준다.

9. 국가 이미지

전 세계 지도자들이 자신과 국가의 이미지를 높이기 위해 노력하는 상황에서 유독 북한의 지도자는 악동의 모습을 보인다. 담배를 피우며 소총을 들고 사격 자세를 취한다. 그리고는 그다음 날 음악회에 가거나 미국의 전직 농구 선수를 만나 희희낙락거린다. 김정은의 이미지는 왜 냉탕과 온탕을 오갈까?

평양 유경정주영체육관에서 미국의 전(前) 농구 선수인 데니스 로드먼과 함께 농구 경기를 보는 모습. 통역은 가려졌고 코카콜라는 부각되었다(≪노동신문≫, 2013년 3월 1일 자).

자국이 강한 군사력을 가진 국가라는 것을 보여주려 하면서도 한편으로는 국제사회의 일원으로 행동할 수 있다는 것을 보여주려 하기 때문이다.

≪노동신문≫ 2011년 4월 12일 자 6면에 실린 기사인 "세계여론을 오도하는 모략적인 허위선전"에서는 다음과 같이 말한다.

지금은 정보시대이다. 끊임없이 생겨나는 새 소식, 새 자료가 라지오(라디오) 및 텔레비죤방송, 인터네트 등을 통하여 온 세계에 거침없이 퍼져가고 있다. 이것은 정보시대의 우점(장점)이다. 그러나 결점도 있다. 국제여론을 오도하여 사람들의 머리를 혼란시키는 허황한 소식, 모략적인 자료들이 그어떤 지장도 받음이 없이 세계에로 전파되고 있는 것이다.[6]

2013년 5월에는 라오스에 있는 탈북 청소년을 비행기까지 태우며 소환하고, 정전 기념일인 2013년 7월 27일에는 국제사회를 향해 입장을 표명하는 등 김정은은 외부로 드러나는 이미지를 중시한다. 다른 국가가 북한과 김정은 자신을 어떻게 보는지에 대해 관심이 많다.

북한은 외신 기자들을 평양에 불러 모은 가운데 2012년 4월에 장거리 로켓 시험 발사를 강행했다. 그때는 실패했지만 같은 해 12월에 로켓 시험 발사를 다시 강행해 성공했고, 3개월 후인 2013년 2월에 제3차 핵실험을 강행함으로써 핵무장 능력을 과시했다.

김정은은 강한 지도자 이미지의 부각을 통해 내부 결속을 강화하고 자신의 3대 세습을 정당화하려고 노력하고 있다.

정영태 박사는 북한이 인위적으로 한반도의 군사적 위기 상황을 만들어 "김정은이 강대국인 미국을 상대로 하는 대결전을 펼치고 있는 것으로 비춰지도록 하고 있다"라고 분석했다.[7]

2015년 4월 1일 자 ≪노동신문≫은 북한이 자체 생산한 민간용 경비행기를 김정은이 직접 시험 비행했다고 보도했다. 정영태 박사는 김정은이 군부대를 방문해 군대를 실제로 지휘하는 모습을 반복해서 선전하는 것은 '김정은 군사 지휘관 만들기'로 보았다.[8]

최고 정치 지도자의 행동은 매스미디어를 통한 노출을 염두에 둔 전략

---

6   "세계여론을 오도하는 모략적인 허위선전", ≪노동신문≫, 2011년 4월 12일 자, 6면.

7   정영태, "북한의 계산된 의도를 파악하고 남북관계 개선에 대비해야", ≪민족화해≫, 통권 62호(2013년 05+06호), 15쪽.

8   같은 글, 14쪽.

새벽에 소집한 전략 미사일 부대 작전 회의. 김정은의 책상 위에 아이맥 컴퓨터가 놓여 있다(≪노동신문≫, 2013년 3월 29일 자).

적 선택이다. 북한도 외부를 염두에 두고 움직이고 있다. 대내외적으로 강한 지도자의 이미지를 구축하기 위한 포석이다.

제2장

이 미 지 의   로 직 과   활 용

김정은에게는 몇 가지 유리한 조건이 있다. 신문과 방송을
마음대로 활용할 수 있는 권력이 있고, 수십 년간 선전 선동
분야에서 '잔뼈'가 굵은 전문가들이 있다. 그리고 김정은 본인이
젊어서 '카메라를 잘 받는' 장점이 있다. 새 지도자 김정은의
존재를 증명하고자 북한이 택한 방식은 이미지를 통한 광고와
홍보이다. 일종의 부풀리기이다.

1. 생방송을 활용한 대관식

북한은 김정일 시대와는 매우 달리 아주 빠르게, 그리고 많은 양의 김정은 이미지를 공개하고 있다. 김정은을 홍보하기 위해 북한 TV는 생방송이라는 방식을 선택했다. 1980년대 이후 김일성 시대와 김정일 시대에 최고 지도자의 공개 활동이 곧바로 방송되는 경우는 없었던 점과 비교해 큰 차이이다.

조선중앙텔레비전은 김정은 등극 첫해인 2012년, 김정일의 생일인 2월 16일에 진행된 약식 열병식과 3월 25일의 김정일 사망 100일 중앙 추모 대회, 4월 15일의 김일성 주석 100회 생일 경축 열병식과 축포 야회를 생방송으로 내보냈다. 장성택 숙청 직후인 2013년 12월 17일의 김정일 사망 2주기 중앙 추모 대회 역시 생방송으로 내보냈다.

생중계를 해본 경험이 적다 보니 방송 사고도 발생한다. 조선중앙텔레비전은 2012년 4월 17일 오후 4시 30분부터 김일성 100회 생일 경축 인민극장 개관 공연을 생방송으로 중계했으나, 30분 동안 공연이 시작되지 않아 무대와 관람석만 번갈아 비추는 상황이 발생했다. 2011년 12월 28일에 평양에서 진행된 김정일의 영결식과 다음 날인 29일 김일성광장에서 열린 중앙 추도 대회도 생방송으로 중계했다. 영결식 당일 평양 중심부인 천리마거리에 운집한 시민이 김정일의 영구차를 갑자기 에워싸고 통곡하는 바람에 영구 행렬이 한동안 멈추는 돌발 상황이 빚어지자 TV는 해당 장면 대신 주변 아파트를 계속 비추거나 이미 지난 영상을 반복해서 내보냈다. 연도의 주민을 인터뷰한 장면에서는 목소리가 들리지 않는 사례가 수차례

불꽃놀이 사진은 김정은 시대의 특징이다(≪노동신문≫, 2012년 4월 16일 자).

정전 60주년 기념식에서 김일성광장을 내려다보며 손을 흔드는 김정은(≪노동신문≫, 2013년 7월 28일 자).

있었고, 일그러진 화면이 그대로 나오거나 화면이 끊기는 현상도 반복되었다. 중앙 추도 대회 생중계에서는 김영남 최고인민회의 상임위원장이 낭독한 추도사가 중간에 5초가량 들리지 않는 대형(?) 방송 사고가 발생하기도 했다.

2. 국제사회에 시위하는 김정은

현지 지도에 나선 김정은과 나란히 걷는 젊은 군인들. 해당 부대나 공장의 간부들과는 연령대에서 차이가 나고 메모하기 위한 수첩도 들고 있지 않다. 눈을 부릅뜬 채 주눅이 들지 않은 표정의 이 젊은 군인들은 김정은의 경호원이다. 경호원은 카메라를 최대한 피하면서 소기의 목적을 달성해야 하는 사람들이다.

《동아일보》의 청와대 출입 사진기자였던 안철민 부장은 "경호원은 사진에 보이지 않는 것이 원칙이다. 보이는 것은 어쩔 수 없지만, 가능한 한 경호원을 사진에서 제외하고 찍으려 한다"라고 말한다. 전두환 전前 대통령에서 노무현 전前 대통령까지 청와대 경호실에서 25년간을 근무했던 이두석 우송정보대학교 경호·법무과 교수 역시 "'은밀 경호의 원칙' 때문에 경호원은 얼굴을 잘 드러내지 않는다"라고 말한다. 사진을 찍는 기자도, 사진에 찍히는 경호원도 대통령을 촬영한 사진 속에서 경호원이 드러나는 것을 바라지 않는다.

2013년 2월 12일, 북한이 제3차 핵실험을 강행한 직후 김정은은 예전과는 달리 많은 경호원과 함께 현지 지도에 나섰다. 그런데 외곽 경호원뿐만 아니라 근접 경호원들도 자동소총과 칼로 중무장한 채 현지 지도를 수행하는 모습이 계속 보였다. 2월 22일에 김정은이 '조국해방전쟁승리기념관'의 리모델링 공사 현장을 현지 지도하는 사진을 보면, 김정은과 10여 미터 떨어진 곳에 금속 통을 어깨에 멘 경호원 두 명이 반대편을 바라보고 있다. 2월 23일에 공개된 인민군 항공 및 반항공군, 제630대연합부대의 비

핵실험 후 첫 번째 군부대 방문 사진. 계단 맨 윗줄에 서 있는 젊은 군인 세 명이 경호원이다. 이들이 쓴 모자는 앞쪽 간부들이 쓴 것과 다르다(≪노동신문≫, 2013년 2월 21일 자).

행 훈련과 항공 육전병 강하 훈련을 현지 지도하는 사진에서도 중화기로 무장한 외곽 경호팀이 여러 명 확인된다. 2월 26일에 포병들의 타격 훈련을 참관하는 사진 10여 장을 보면 김정은은 훈련장이 잘 보이는 언덕 위에서 측근들과 망원경을 통해 훈련장을 지켜보며 시종 환한 얼굴을 하고 있다. 포사격을 하는 포병들 옆으로는 방탄 철모와 중화기로 무장한 건장한 군인들의 모습이 보인다. 중무장한 경호팀을 의도적으로 노출했다고 볼 수 있다.

김정은과 불과 2미터밖에 안 떨어진 곳에 서 있는 근접 경호팀들도 단검과 자동소총으로 무장하고 있었다. 위협적으로 보일 수 있는 이 사진은 이전과는 확연히 다른 형식이다. 김정일 시대에는 경호원이 거의 보이지 않았다. 다만 2008년의 건강 이상설 이후 우산이나 양산을 씌워주는, 180센티미터 정도의 키에 20대 후반 나이의 군인이 권총을 찬 채 현지 지도를 따라다니는 모습이 목격되었다. 김정일과 달리 김정은은 2012년 1월부터 경호원의 근접 경호를 받는 모습이 가끔 목격되었지만, 중화기로 무장한 복수의 경호원이 한꺼번에 사진에 노출된 것은 이례적이다. 북한이 의도적으로 외곽 경호팀의 존재를 부각하거나, 그렇지 않다면 현저하게 늘어난 외곽 경호팀을 피해서 사진을 촬영하기 어렵게 되었다는 추론을 할 수 있다.

또한 이 시기 김정은 옆의 경호원들은 일반적인 북한 군인들의 복장과 달리 얼룩무늬 군복을 입고 있었고 개인 소총과 큰 탄통을 지니고 있었다. 탄창은 일반적으로 가지런하게 총알을 넣을 경우 20~30발 정도가 들어가지만, 이들이 가지고 있는 탄창은 나선형으로 개조된 것으로 약 70~90발 정도가 들어간다. 등에 멘 배낭형 탄창에 들어가 있는 총알의 수까지 고려하면 1인당 210~270발 정도의 총알을 휴대하는 것이다. 민첩하게 움직여야 하는 경호 업무의 특수성을 감안한다면 개인이 휴대할 수 있는 무게의 최대치이다. 2013년 3월 23일의 제1973군부대 지휘부 시찰 사진에서는 무려 경호원 일곱 명이 사진에 고스란히 들어 있다. 현지 지도 수행원보다 많은 경호원 수. 이것은 전례가 없던 사진이었다. 김정은에 대한 경호가 강화되었다는 증거일 수도 있지만, 북한이 국제사회를 향해 벌이는 위력

시위일 가능성이 크다. 2013년 5월 이후 김정은의 경호팀은 이전처럼 소수의 인원만 화면에서 목격된다.

3. 김정은의 웃음이 늘어난 이유

2013년 7월, 미국의 디트로이트 시市가 파산을 신청했다. 공공 서비스는 중단되었고 사회 안전망은 사라졌다. 파산 비상 관리인인 케빈 오어Kevyn Orr 변호사는 디트로이트가 지닌 잠재력이 충분하므로 반드시 재기할 수 있을 것이라며, 디트로이트를 재건하기 위해 외부의 지원을 요구했다. 김정은 역시 북한이라는 국가의 비상 관리인으로서 '리인벤팅 평양Reinventing Pyongyang' 프로젝트를 끌고 가고 있다고 할 수 있을 것이다.

몇십 년간 경제 정책들이 실패하면서 이제 중국을 비롯한 전 세계의 지원 없이는 생존할 수 없는 상태에서 북한의 새 지도자는 안팎으로 새로운 전략을 제시해야 하는 과제를 안고 있다. 할아버지 김일성이 약속했던 '이밥에 고깃국'을 지금도 똑같이 정책 목표로 제시할 수는 없는 것이다. 김정일이 사망한 후 북한의 신문과 방송에서는 죽음을 애도하며 통곡하는 인민들의 모습을 반복적으로 내보냈다. 이때 김정은은 비교적 차분한 모습을 보였을 뿐이었다. 간혹 눈물을 닦는 모습이 보이기도 했지만, 대체로 담담한 모습이었다.

그리고 영결식 당일 김정은의 모습은 슬픔보다는 단호한 표정이었다.

중요한 것은 그다음부터였다. 영결식이 끝난 직후부터 북한은 김정은

김정은은 고모 김경희와 중국 대사와 함께 능라인민유원지에서 놀이 기구를 타며 웃는 모습을 연출했다(조선중앙통신사 홈페이지, 2012년 7월 26일).

의 모습을 본격적으로 보여주기 시작하는데, 대부분이 환한 모습이었다. 김정일은 주로 근엄한 모습이었는데 김정은은 잘 웃는다.

김정일의 사망 후 사십구재도 지나지 않은 시점에서 상주喪主인 아들이 웃음을 보인다는 것은 평범한 연출은 아니다. 김정일 시대를 빨리 지우고자 하는 김정은과 측근들의 의지가 표현된 것이다. 잃어버린 10년이라고 하는 고난의 행군 시절이었던 김정일 시절, 즉 북한 역사에서 가장 힘들었던 시절의 기억을 지우고 싶은 의지인 것이다. 또한 김정일이 말년에 보였던 어색한 모습도 지우고 싶었을 것이다. 뇌졸중을 겪은 후 대중 앞에 다시 나타났던 지도자는 다리를 절고 있었고, 물건을 잡을 때는 어색함이 역력했다. 그런데 새로운 젊은 지도자가 나타났으니 무언가 희망을 품자고 강조하기 위한 연출이라고 할 수 있다.

북한이 보여주는 각종 놀이 시설도 단기적인 성과로 보여주기에 적절한 소재이다. 북한이 막대한 돈을 들여 계속 터뜨리는 폭죽 역시 희망을 이야기하기 위한 장치로 보인다. 희망을 품고 웃어보자, 인생을 즐겨보자는 의미일 것이다. 하지만 북한의 경제는 아직도 갈 길이 멀어 보인다.

4. 손뼉 치는 엑스트라 인민들

2012년 2월 23일, 서울 여의도 63빌딩에서 열린 방송기자클럽 초청 한명숙 민주통합당 대표 토론회. 생방송으로 진행된 1시간짜리 토론에 앞서 사회자는 토론을 지켜보러 온 시민 200여 명에게 "박수는 치지 말아 달라"라고 부탁했다. "공정한 토론에 방해가 된다"라는 것이 이유였다. 이날 방청객들은 한명숙 민주통합당 대표의 자기소개 직후 한 번의 손뼉만 쳤고, 이후 질문과 답변 과정에서는 침묵을 지켜야 했다.

큰 소리의 박수갈채는 사회적 합의를 나타내는 휴리스틱heuristic의 역할을 한다. "모든 사람이 이 메시지에 동의했으니 당신도 그래야 한다"라고 말하는 단서인 것이다. 이 기법은 19세기의 만병통치약 장사들이 썼던 기법으로, 만병통치약 장사들은 관중 속에 자기 사람을 심어 두었다가 아픈 데가 나은 것처럼 가장해 장사꾼들이 파는 약이 잘 든다고 마구 떠벌리게 했다고 한다. 약장수가 쓰는 수법은 흔히 남한의 오락 프로그램에서도 많이 사용된다. 출연자 앞에 앉아 있는 방청객의 박수는 시청자에게 그 프로그램이 웃을 만한 것이라는 느낌을 준다. 실제 방청객이 아닌 사람들의 박수 소리를 사전에 녹음해 프로그램에 삽입하는 경우도 있다. 하지만 정치인들이 등장하는 토론회를 만드는 프로듀서와 진행자들은 지지자들의 박수 소리를 차단하려고 노력한다. 박수가 시청자와 독자들에게 잘못된 판단을 하도록 유도할 수도 있기 때문이다.

북한은 최고 정치 지도자의 화면을 보여주면서 박수를 유도한다.

2011년 11월 25일, 조선인민군 4군단 사령부로 알려진 제233대연합부

군인 수백 명이 주인공을 향해 손뼉을 친다(《노동신문》, 2012년 2월 9일 자).

대를 방문한 김정은 최고사령관이 두 지휘관에게 강하게 지시하는 장면이 2012년 2월 7일에 조선중앙텔레비전을 통해 공개되었다. 미간에 잔뜩 힘을 준 채 오른손을 휘두르는 모습이 인상적이다. 무언가 불만을 얘기하며 화를 내는 장면으로도 해석된다. 북한 매체들은 이 보도를 시작으로 김정은의 강한 모습을 보도했다. 그때까지 김정은은 주민과 군인을 얼싸안고 어린아이처럼 웃는 모습이 주류였다. 아버지 없이 홀로서기를 해야 하는 김정은이 손뼉 치는 병사들 앞에서 의도적으로 지휘관을 질책함으로써 지도자로서 위엄과 카리스마를 세우려는 의도로 보인다. 이어진 장면에서 김정은이 악수를 청하자 지휘관은 바짝 긴장해 거수경례를 한 뒤 두 손으로 김정은의 손을 맞잡는다. 중요한 것은 박수갈채이다. 나이 든 군 간부에게 추상같은 명령을 내리는 김정은의 모습 뒤로 손뼉을 치는 군인들의 모습이 보인다. 박수를 유도하는 김정은의 모습, 그리고 손뼉을 치는 인민들의 모습이 끊임없이 교차하는 북한의 신문과 방송은 그래서 김정은의 권력을 공고화하는 역할을 하고 있다.

5. 총과 망원경 수여 의식의 부활

북한 사진의 독특한 형식이 대규모 기념사진이다. 수백 명이 행과 열을 맞추어 최고 지도자와 함께 사진을 찍는다. 그런데 군부대를 방문할 경우 소품이 등장한다. 총과 망원경이다. 이 소품들은 김일성이 사망하고 5개월이 지난 1995년 1월 2일부터 시작되어 김정일 시대 내내 이어졌다. 김정일의 군부대 시찰은 시설 및 훈련을 참관하고 간단한 예술 공연을 관람한 뒤 군인들과 함께 기념사진을 찍는 일정으로 짜였다. 기념사진에서 김정일 오른쪽 또는 바로 뒷줄의 병사는 공통적으로 쌍안경을 들고 있고 뒷줄 오른쪽과 왼쪽 병사들은 은빛 총을 들고 있었다. 쌍안경과 총은 김 위원장이 중대급 부대에 주는 선물이다. 외부의 침입자를 경계하고 격퇴하자는 상징으로 이해되어왔다. 쌍안경과 총은 공군 부대나 비전투부대 등 예외

김정일의 건강이 나빠지면서 사라졌던 총과 망원경 수여 의식은 김정은 집권 직후 부활했다(≪노동신문≫, 2013년 2월 21일 자).

적인 경우를 제외하고는 ≪노동신문≫의 사진에서 흔히 볼 수 있었다.

하지만 2008년 8월, 김정일 국방위원장의 건강 이상설 이후 북한 ≪노동신문≫에 게재된 20여 차례의 군부대 시찰 집체 사진에서는 이 두 소품이 사라졌다. 마지막 사진은 2008년 8월 11일 자 ≪노동신문≫에 실렸다.

이것으로 보아 부대 내 예술 공연이나 쌍안경과 총 전달 의식 등을 제외한 채 현지 지도가 간소화되었다고 추측할 수 있다. 김 위원장의 건강 상태가 예전 같지 않다는 점을 고려한다면 이해가 되는 부분이다.

김정은은 2012년 2월 7일에 해군 790부대를 시찰하면서 총과 망원경을 수여하는 의식을 부활시켰다. 김정은이 쌍안경과 자동소총을 다시 선물하기 시작한 것은 代를 이어 혁명을 계승해야 한다는 점을 강조하는 것으로 군부의 충성과 결속을 도모하기 위한 것으로 풀이된다.

김정은이 수여하는 망원경은 일반 망원경과 달리 겉이 금색으로 칠해져서 구분된다. 김정은이 판문점을 관리하는 부대를 다녀간 후 북한 병사들이 금색 망원경으로 남쪽을 감시하는 모습이 한국 사진기자들의 카메라에 실제로 포착되기도 했다.

6. 김정은의 미디어 코드

전 세계의 관심이 북한에 쏠린 가운데 북한은 젊은 지도자 김정은을 띄우기 위해 안간힘을 쓰고 있다.

김정은은 짧은 기간에, 그것도 북한 사회에서 특별히 정치적 성과를 내지 못한 상태로 권력을 이양받았다. 김정은과 선전 담당자들의 과제는 신속하게 김정은의 존재와 힘을 널리 알리는 것이다. 김정은이 주목받기 위해서 택한 방식은 무엇일까?

아이돌 스타 그룹을 생각해보자. 가령 그룹 '인피니트INFINITE'의 경우,

꽃미남 가수 일곱 명이 한 팀을 이루어 한 방송국의 쇼 프로그램에 등장했을 때 그들이 카메라의 주목을 받을 수 있는 시간은 5분 미만이다. 게다가 주인공뿐만 아니라 관객의 모습도 인서트insert 화면으로 들어가야 한다. 그렇다면 그중에서 그룹 전체가 아닌 한 사람만이 카메라의 주목을 받을 수 있는 시간은 30초 미만이다. 그 30초 안에 자신의 모든 것을 보여줄 필요가 있다.

김정은의 경우 방송 시간과 신문 지면을 독점적으로 사용할 수 있다. 따라서 시선을 끄는 것이 중요하다. 주목받기 위해 김정은이 처음 선택한 방법은 할아버지 김일성 따라 하기였다. 할아버지와 같은 색깔과 디자인의 옷을 입고 인민들과 신체 접촉을 하는 방식을 차용했다. 할아버지와 같은 풍채를 가졌다는 장점도 최대한 활용했다. 김정은 시대 사진에서 가장 큰 특징은 인민들이 김정은의 팔짱을 끼고 있다는 점이다. 때로는 너무 무서운 존재의 팔을 끼다 보니 발은 저만치 떨어져 있고 상체만 붙는 상황이 펼쳐지기도 한다. 신체 접촉만으로는 부족했다. 주목받기 위해 김정은이 택한 두 번째 방법은 경제 현장을 찾아다닌 것이다. 2012년과 2013년까지 2년 동안 김정은은 강성 대국의 약속을 지켰음을 보여주기 위해 건설 현장을 부지런히 찾아다녔다. 아파트와 놀이공원, 병원 등 생활수준이 향상되었음을 증명하는 건설 현장을 보여주었다. 그런데 시설 대부분은 평양 시내에 있는 건물들이었다. 평양 이외의 곳은 보여줄 것이 없었던 것이다.

대내외적으로 주목받기 위해 김정은이 선택한 세 번째 방법은 외세의 공격에 대응하는, 그것도 적극적으로 대응하는 군사 지도자의 모습을 보여주는 것이다. 김정은은 백령도와 연평도 등을 마주한 전방 부대를 방문

속옷을 드러내는 김정은의 모습은 참을성 없는 성격을 드러내기도 하지만, 서민적 느낌을 주기 위한 연출일 수도 있다(≪노동신문≫, 2012년 7월 3일 자).

해 위장막 아래 임시로 설치된 지휘소에서 화력 훈련을 관람한다. 지휘봉을 휘두르고 망원경을 들어 적의 동태를 살피고 권총으로 사격 자세를 취해보기도 한다. 그러면서 계속 웃고 있다. 미국을 비롯한 적대국의 위협에 항상 포위되어 있다는 의식을 가진 북한 주민들로서는 젊고 강한 리더의 모습에 마음이 움직일 가능성이 있다. 게다가 신문과 방송들은 많은 무기와 결의에 찬 사람들을 반복해서 보여준다. 비록 나는 힘이 없더라도 누군 가는 저 무기를 가지고 싸울 수 있으리라 생각한다. 게다가 김태우 전前 통일연구원장의 저서 『북핵을 넘어 통일로』에 따르면 북한은 자칭 세계 아홉 번째의 핵보유국이자 세계 제3위의 화학무기 및 생물학무기 보유국 이며, 동시에 세계 제6위권의 미사일 강대국이다.[1] 북한 주민들은 미국을 상대로 싸워볼 만하다고 생각할 수도 있다.

7. 쌍상 배지의 배급 순서

김정은은 2010년 9월에 노동당 중앙군사위 부위원장으로 임명되어 공식 후계자가 된 이래 줄곧 왼쪽 가슴에 김일성 주석의 초상 휘장(배지)을 달 고 나타났다. 2011년 12월, 김정일 국방위원장의 사망 직후에도 마찬가지 였다. 김일성 배지에는 여러 종류가 있는데, 김정은은 주로 젊은 시절의 김일성 모습을 담은 배지를 달았다.

그러던 김정은이 2012년 4월 7일에 조선중앙통신사가 공개한 사진 속 에서는 김일성과 김정일 초상이 나란히 그려진 배지를 달고 나타났다. 미 국의 '푸에블로'호USS Pueblo를 나포한 해군 부대를 시찰하는 김정은이 왼 쪽 가슴에 단 배지는 일반적인 형태인 국기 모양이지만, 보통 때보다 두 배 크기인 데다 김일성과 김정일의 초상화가 모두 그려져 있었다. 반면 김

---

1   김태우, 『북핵을 넘어 통일로』(명인문화사, 2012), 113쪽.

태양상은 웃는 김일성의 초상화를 지칭하는 말이었지만, 김정일의 영결식 사진에도 똑같은 이름이 붙었다. 따라서 이제 북한에는 태양상 두 개와 태양 하나가 있는 셈이다(조선중앙통신사, 2013년 1월 29일 자).

정은을 수행한 간부들은 모두 김일성 배지를 달고 있었다. 김정은이 단 배지 안의 김일성과 김정일의 얼굴은 각각 두 사람의 영결식 때 사용된 사진으로 태양을 닮았다고 해서 '태양상太陽像'이라 불리는 초상이다.

김정은이 '김일성+김정일 배지'를 달고 나타난 것은 자신이 할아버지와 아버지의 계승자라는 이미지를 강조하기 위한 것으로 풀이된다. '김일성+김정일 배지'는 이른바 '쌍상雙像' 배지로 불리며, 과거에도 비공식적으로 일부가 제작되었으나 공인을 받은 것은 아니었다. 김정은의 착용으로 이

쌍상 배지는 북한 사회에 공식 배지로 보급되기 시작했으며, 권력의 순서대로 착용하기 시작했다.

2013년 5월에 라오스에서 다시 북한으로 이송되었던 꽃제비 청소년들이 쌍상 배지를 달고 북한 방송에 출연한 것은 이들이 특별한 대우를 받기 시작했다는 것을 의미한다. 그 시점까지도 쌍상 배지를 배급받지 못한 북한의 간부가 많았기 때문이다.

2013년 9월 16일에 평양의 유경정주영체육관에서 열린 '2013 아시안컵 및 아시아 클럽 역도 선수권대회'를 보러 나온 평양 시민 중 대부분은 아직 김일성 배지를 달고 있었다. 이때까지만 해도 일반 인민들에게까지 쌍상 배지가 완전히 배급된 것은 아니라는 것이다. 쌍상 배지의 배급은 북한 내부의 서열과 계층 순서에 따르고 있다.

이 책을 쓰고 있는 2015년 9월 현재, 김정은이 어떤 배지도 달지 않고 등장하는 경우가 점차 늘어나고 있다. '홀로서기'에 나선 것이 아니냐는 분석이 뒤따르고 있다.

8. 이미지 정치의 승리

카리스마가 부족할 때, 그리고 체제에 대한 내부적·외부적 의심이 증대하는 시기에 사진은 정치적 역할을 하기 위해 등장한다.

북한 사진에서 큰 변화가 있었던 시기는 2008년, 김정일의 건강 이상설 직후이다. 김정일의 부재가 초미의 관심사였던 2008년 가을, 사후적으로 김정일이 뇌졸중을 앓았던 것으로 밝혀졌지만, 당시에는 그것을 확인해주는 정보원이 아무도 없었다.

김정일의 부재는 체제의 위기를 상징했다. 이후 북한은 김정일을 쏟아낸다. 초점이 맞은 모든 사진을 지면에 게재하는 듯 했다. 《노동신문》은 김정일의 개인 앨범이 되었다. 북한은 김정일이 존재하지 않는다는 사실을 부정하고 싶었던 것이다. 그래서 건강 이상설 이후 김정일이 걸을 수 있게 되자 사진을 쏟아부음으로써 지도자의 존재를 만천하에 알리고 싶어 했다.

그때가 2009년 1월이다. 북한의 《노동신문》은 이때부터 이성을 잃기 시작했다. 1967년 이후 나름의 틀을 갖췄던 1호 사진의 원칙은 이때부터 급속히 무너졌고, 북한은 많은 이미지, 그리고 이전과는 다른 이미지를 내놓기 시작했다.

김정일이 사망한 후 김정은이 그 자리를 대체하기 시작했다. 2~3년간의 후계자 수업 기간이 있었던 것으로 추정되지만, 턱없이 짧은 시간에 권력의 핵심인 조직과 인사, 여론을 장악하기는 쉽지 않았을 것이다. 게다가 청소년기를 외국에서 보낸 김정은은 북한 정치에서 실제로 특별한 정치적 과업을 이루지는 못했다. 이러한 한계에도 김정은에게는 몇 가지 유리한 조건이 있다. 신문과 방송을 마음대로 활용할 수 있는 권력이 있고, 수십 년간 선전 선동 분야에서 '잔뼈'가 굵은 전문가들이 있다. 그리고 김정은 본인이 젊어서 '카메라를 잘 받는' 장점이 있다. 새 지도자 김정은의 존재를 증명하고자 북한이 택한 방식은 이미지를 통한 광고와 홍보이다. 일종의 부풀리기이다. 2012년 7월에 이영호 총참모장을, 2013년 12월에는 장

김일성과 김정일의 생전 모습은 김정은 권력을 정당화하기 위한 장치이다(≪노동신문≫, 2013년 7월 8일 자).

성택을 숙청하는 식의 철권통치 방법 외에 이미지 정치도 함께 활용하고 있다.

북한 문제에 천착해오고 있는, KBS의 공용철 PD는 ≪민족화해≫라는 잡지의 통권 59호(2012년 11+12월호)에 기고한 글에서 김정은 체제에 대해 북한 주민들의 기대가 높아지고 있다고 주장했다. 북한 주민이 김정은의 인민 중시 정책과 시장 규제 완화 등의 노력을 높이 평가하면서 미래에 대한 희망과 비전을 갖기 시작했으며, 그 증거로 2012년 들어서 남한으로 들어오는 북한 이탈 주민 수가 감소하고 있다는 사실을 지적했다. 중국을 찾은 북한 주민들을 인터뷰해보면 2012년 9월 이후에는 지도자에 대한 '충성 맹세'의 분위기까지 있다고 했다.[2] 김정은의 북한이 안정기로 들어섰다는 관측도 나온다. 이미지 정치는 효과를 발휘하기 시작하고 있고, 사진과 영상은 정치적 의도를 관철하는 데 큰 역할을 하고 있다. 하지만 영상의 본질을 꼬집어줄 힘은 북한 내부에는 없어 보인다.

---

2   공용철, "김정은 체제 10개월, 북한은 지금?", ≪민족화해≫, 통권 59호(2012년 11+12월호), 36~37쪽.

제3장

글로벌화해가는 북한 이미지

북한이 외국 기자가 접근하는 것을 허용함으로써, 김정은의
얼굴을 상세하게 노출한 것은 특별한 의미가 있다. 김정은의
존재를 더는 베일 뒤에 숨길 수도 없고, 그럴 필요도 없다는
판단을 한 것으로 보인다. 더 나아가 친근한 이미지를 주려는
의도도 있다고 볼 수 있다.

1. 해외에 사진 배급하는 북한

2012년 4월 14일 자 한국 신문에는 군중을 향해 손을 흔드는 김정은의 사진이 실렸다. 김일성 생일에 진행될 열병식에 초청받은 미국 AP의 사진기자가 촬영한 김정은 사진이다. 망원렌즈로 촬영된 이 사진의 배경은 초점이 나가 있다. 기존의 북한 사진과는 다른 촬영법이다. 김정은 사진이 다양한 앵글과 방법으로 만들어지고 있다. 김정은 시대 북한은 외신 기자들을 적극적으로 활용해 다양한 사진이 촬영되도록 허용하고 있다.

사진기자들에게 북한과 김정일은 가장 취재하기 어려운 대상이었지만, 김정은은 제한적으로 허용하고 있다. 물론 아직 한국 기자들이 김정은의 행사를 직접 촬영한 경우는 없고, AP와 AFP Agence France-Presse 등 서방 통신사와 중국 신화통신사 사진기자 등이 촬영한 사진을 전송받아 신문에 사용하고 있다.

특히 미국의 AP는 2012년 1월 16일에 서방 언론사로서는 처음으로 북한 평양에 종합 지국을 개설했다. AP는 2006년 5월, 평양에 영상 뉴스 지국을 열어 운영해왔는데, 지금은 기사와 사진, 동영상 취재를 모두 하고 있다.

개설 당시 AP 평양지국에는 북한 출신인 박원일 취재기자와 김광현 사진기자 등 기자 두 명이 상주하며 각각 기사와 사진 취재를 담당했다. 또한 데이비드 거튼펠더 David Guttenfelder AP 아시아 사진부장과 한국계 미국인인 이준희 AP 서울지국장이 수시로 평양을 방문해 취재와 지국 관리 등을 맡았다. 2013년 7월부터는 싱가포르 출신으로 2003년부터 AP에서 근

AP 사장 톰 컬리(Tom Curley, 왼쪽)가 북한 조선중앙통신사 사장 김평호와 함께 평양지국에 간판을 달고 있다(AP, 2012년 1월 17일).

무한 웡메이Wong Maye-E가 평양지국을 맡고 있는 것으로 알려졌다. 2013년 9월에 평양 유경정주영체육관에서 열린 아시아 클럽 역도 선수권대회에서 분단 후 처음으로 태극기가 게양된 장면을 촬영한 사람은 AP의 전철진 기자이다. 그는 북한 사람이다.

북한은 미국 본토에서 홍보 사진전을 열기도 했다. 미국의 AP와 북한의 조선중앙통신사가 공동으로 개최한 사진전이 2012년 3월 15일, 뉴욕시에서 김일성 주석 탄생 100주년을 맞아 열렸다. AP 뉴욕 본사의 폴 콜

퍼드Paul Colford 공보국장에 따르면 "전시 중인 사진의 절반은 AP의 외국인 기자들이, 나머지 절반은 조선중앙통신사의 북한인 기자들이 찍은 것"이다. "북한의 창"이라는 주제로 열린 전시회에는 두 통신사가 찍은 북한 주민들의 일상, 김일성 주석과 김정일 위원장 등 지도부의 현장 시찰 모습, 자연경관과 도시 전경 등을 전시했다.[1]

≪노동신문≫은 2011년 2월 17일부터 PDFPortable Document Format 서비스를 하고 있다. PDF 서비스란 신문 지면을 디지털 파일 형태로 만들어 인터넷을 통해 볼 수 있게 하는 서비스이다. 그때까지 한국을 비롯한 외국에서는 중국 항공편을 통해 배달된 ≪노동신문≫을 1주일 후에야 볼 수 있었다. 북한이 당일 치 신문을 온라인에 올리는 것은 오프라인으로 신문을 배달하는 것보다 훨씬 많은 국제사회의 독자에게 자신들의 내용을 전달하려는 방법으로 풀이된다. 게다가 불필요한 정보를 노출하지 않으면서 선전 효과를 극대화하려는 의도가 있다고도 할 수 있다. 통상 PDF 지면에서 사진을 오릴 경우 원본 사진의 형태는 그대로 유지되지만, 이미지 품질은 떨어진다. ≪노동신문≫의 경우 신문에 써도 원본과 거의 유사할 정도로 높은 해상도의 사진을 올린다. 북측이 정교하게 계산해 송출한다는 뜻이다. 다만 원화상처럼 크게 확대해 세부 정보를 확인할 수는 없다는 한계가 있다. 2015년 5월 9일에 북한이 공개한 잠수함 탄도미사일 발사 실험 사진도 원화상이 아니라 ≪노동신문≫ PDF를 통해 외부 세계에 전해진 것이다. 초미의 관심이 쏠린 미사일이라는 물체에 대해 사진 이미지는 최

---

1 "AP-조선중앙통신 공동 사진전 개막", 자유아시아방송, 2012년 3월 16일 자.

소한의 '정보'만을 제공하게 된 것이다.

북한의 이러한 적극적 선전 방식에 대해 외부 세계는 협조를 하지 않을 수 없는 상황이다. 좋건 나쁘건 뉴스 가치가 있는 국가의 모습을 볼 수 있다는 점 때문에 기자들과 언론사는 북한의 요구를 수용하고 있다. 하지만 이런 일방적 방식에 대한 비판도 적지 않다.

오늘날 뉴스는 365일 24시간씩 생산된다. 인터넷으로 대표되는 전자 커뮤니케이션의 발달 때문이다. 아울러 시각물이 대중화되고 있다. 전자 이미지는 동시에, 그리고 순간적으로 퍼져나간다. 이른바 글로벌 영상 문화 시대이다. 전자 이미지의 시대, 그리고 그 전자 이미지가 즉각적으로 전달되는 시대에 살고 있다. 이러한 상황에서 북한 역시 나름대로 적응법을 연구하고 있다고 할 수 있다.

그렇다고 북한이 노련한 홍보 활동을 통해 권력 세습을 기정사실로 하고 세계 여론을 자신들의 편으로 끌어들이며 이해를 구하는 데 성공할 수 있을까? 국제적인 이미지 관리를 위해 북한이 벌이는 홍보 활동 또는 해외 프로파간다가 성공했는지 실패했는지를 결론짓기에는 아직 필자의 능력이 부족하고 시간도 충분하지 않다. 좀 더 지켜볼 일이다. 중요한 것은 북한이 외부 세계에 '배급'하는 사진 한 장 한 장에는 북한 내부의 미묘한 변화와 지도부의 의도가 숨겨져 있다는 점이다.

2. CNN에도 근접 촬영은 허가하지 않는다

북한 김정은의 사진은 한국의 대통령 사진뿐만 아니라 외국의 정치 지도자 사진과 기술적인 측면에서 비슷하게 수렴되어가고 있다.

우선 북한은 '후계 김정은'과 북한 사람들의 생활 모습을 외국의 카메라를 이용해 전 세계에 생중계한다.

북한은 2010년 10월 10일에 열린 노동당 창당 65주년 기념 열병식에 해외 언론사 취재단 약 80명을 초청했다. 열병식이 진행된 김일성광장 주변에는 인터넷 회선이 깔린 프레스센터까지 설치되었다. 미국의 CNNCable News Network과 영국의 BBCBritish Broadcasting Corporation 등은 이날 오전 10시부터 열병식을 생중계했고, 이 밖에도 AP, NPRNational Public Radio, 아랍권 위성방송 알자지라Al Jazeera, 스페인 공영방송인 TVETelevisión Española 등도 실시간으로 기사와 사진 또는 동영상을 프레스센터의 인터넷 회선을 이용해 외부로 전송했다. 물론 초청 대상에서 한국 기자들은 제외되었다.

이들은 행사 직전인 7일과 8일경 북한으로부터 "10일 노동당 창건 행사를 취재하고 싶지 않으냐"라는 연락을 받고 중국을 통해 방북했다. 홍콩과 베이징 등에 있던 기자들 위주로 방북했다. 김일성광장에서 열린 열병식에서 외신 기자들은 지상에서 10미터 정도 높은 곳에 있는 주석단을 망원렌즈를 이용해 촬영할 수 있었다. 금강산과 평양을 방문했던 한국 기자들과는 달리 외신 기자들은 망원렌즈도 휴대할 수 있었다. 한국 기자들은 특별한 허가가 없으면 160밀리미터까지의 렌즈만 휴대할 수 있다.

외신 기자들은 광장 아래에서는 비교적 자유롭게 움직일 수 있었던 것으로 보인다. 2000년과 2007년 남북 정상회담 당시보다는 다양한 위치에서 카메라를 돌릴 수 있었다.

북한은 김정일의 얼굴을 클로즈업해서 보도하지 않는 관행을 갖고 있다. 김정일의 사진을 전담해서 독점적으로 찍는 팀들은 이 관행을 철저하게 준수해왔다. 이것은 지도자의 얼굴에 대한 정보를 대내외적으로 알리지 않으려는 의도 때문으로 파악된다. 우리가 여태껏 보아온 김정일의 클로즈업된 얼굴 사진들은 북한이 제공한 사진의 일부를 확대한 것이거나 아니면 2000년도 이후 외국 순방 때 그 나라 사진기자들이 얼굴 부분만 찍어서 외신에 제공한 '고해상도' 사진이었다.

김정은 시대에 와서 북한은 중국 신화통신사를 비롯한 외국 사진기자들이 김정은의 얼굴을 가깝게 촬영하는 것을 허용하기도 했다. 2010년 10월, 행사를 축하하기 위해 중국 대표로 북한을 방문한 저우융캉周永康 중국 공산당 상무위원은 신화통신사 사진기자 한 명을 대동하고 행사에 참석했는데, 이 사진기자는 '세계의 관심을 받는' 젊은 후계자의 얼굴만 따로 망원렌즈로 촬영해 해외에 공개했다. 이 사진은 김정은의 피부 상태를 확인할 수 있을 정도로 해상도가 높았다. 북한이 외국 기자가 접근하는 것을 허용함으로써, 김정은의 얼굴을 상세하게 노출한 것은 특별한 의미가 있다. 김정은의 존재를 더는 베일 뒤에 숨길 수도 없고, 그럴 필요도 없다는 판단을 한 것으로 보인다. 더 나아가 친근한 이미지를 주려는 의도도 있다고 볼 수 있다. 카메라가 피사체와 가장 근접해 촬영하는 클로즈업 숏은 피사체의 세부detail를 보여주고 친근감을 주는 효과가 있다. 몸 전체를 보여주는 풀 숏, 그리고 배경과 인물들까지 포함하는 롱 숏long shot이 주는

김일성광장에서 열리는 군사 퍼레이드를 참관하기 위해 입장하며 고개 숙인 김정은. 이런 사진들은 북한 기자들은 찍을 수가 없다. 즉, 외신 사진이다(AP, 2012년 2월 16일 자).

사회관계와 공적인 관계의 느낌과는 차이가 있다.

2013년 8월경부터 북한의 사진은 외국의 사진과 비교해도 기술적으로 차이가 없어지고 있다. 주인공에게 초점을 맞추고 나머지 등장인물의 초점을 흐리게 처리하는 아웃 포커스는 주인공을 강조하고 화면을 세련되게 표현하기 위한 기술이다. 전체를 강조하느라 깊은 초점을 사용해온 북한 사진이 어색하게 느껴졌던 것은 아웃 포커스 기술을 거의 사용하지 않았기 때문이었다. 하지만 어떤 계기가 있었는지 2013년 8월 15일에 김정은이 평양에서 열린 남자 축구 경기를 관람하는 모습부터는 아웃 포커스 사진이 나타나기 시작한다.

망원렌즈뿐만 아니라 와이드렌즈를 사용하면서도 배경을 흐리게 처리하는 기술을 사용하는 경우가 늘어나고 있는데, 김정일 시대보다 훨씬 역동적인 느낌을 준다.

3. 북한에도 외신 기자가 있다?

북한은 외국의 카메라맨들에게 김정은의 얼굴뿐만 아니라 평양 시내도 보여주었다. 2010년 10월, 외국 기자들은 10일의 공식 행사 후 11일과 12일에는 평양 시내를 둘러보았다.

CNN 방송은 현지 시각 12일 방송을 통해 평양의 놀이공원과 패스트푸드점, 지하철 부흥역 등의 모습과 주민 인터뷰를 전 세계 시청자에게 보여주었다. 북한은 2013년 7월의 정전협정일에도 외신들을 불러 취재를 허용하고 평양 시내를 둘러볼 수 있게 했다.

2013년 9월 7일에 미국 프로 농구National Basketball Association: NBA 선수 출신의 데니스 로드먼Dennis Rodman이 북한 평양 공항에서 취재진의 질문에 대답하는 사진이 공개되었다. 일본 교도 통신사가 촬영한 이 사진에서 방북한 로드먼은 김일성·김정일 배지를 단 북한 기자 두 명과 중국인으로 추정되는 여기자 등 기자 총 세 명의 질문에 답하고 있었다.

북한에서 촬영된 사진에 외국인 기자들이 등장하는 경우가 가끔 있다.

하지만 그 수는 그리 많지 않으며 외국인 기자들이 기자회견을 할 수 있는 것도 북한 정권의 필요 때문에 준비된다.

그리고 그 사진을 찍는 사람들 역시 북한 사람이다. 일본 교도 통신사 또는 미국의 AP 명의로 나온 사진이지만, 현재 북한에 상주하는 교도 통신사와 AP 기자들의 국적은 모두 북한이다. 교도 통신사 평양지국에 근무하는 북한 사람은 일본으로부터 월급을 받는 북한 사람이고, AP 평양지국에 근무하는 북한 사람은 미국으로부터 월급을 받는 북한 사람이다.

2013년 5월 24일에 중국 방문을 마친 최룡해가 평양 국제공항을 통해서 귀국하는 사진에는 'AP 사진기자 전철진 촬영'이라는 크레디트가 있다. 2015년 8월 5일, 한국의 이희호 김대중평화센터 이사장이 전세기를 이용해 평양 공항에 도착하자마자 AP는 곧바로 사진을 찍어 전송했다. AP 사진기자의 이름은 김광현으로 표시되어 있다. ≪노동신문≫에도 똑같은 이름의 사진기자가 있었는데, 동일인인지는 확인되지 않는다.

하지만 북한 국적의 사진기자들은 북한의 필요 때문에 촬영이 허가될 뿐, 북한의 체제를 위협하거나 권력을 비판하는 사진을 촬영해서 외부로 전송할 가능성은 없다. 사진은 누가 찍느냐에 따라, 그리고 어디에 게재되느냐에 따라 의미가 달라질 수 있기 때문이다.

1968년 1월 27일 자 ≪동아일보≫ 1면에는 '북괴 측 제공'이라는 설명의 사진이 실린다. 미국 푸에블로호 승무원들이 항복을 표시하며 양손을 든 채 배에서 내리는 사진이다. 동경발 UPI United Press International 전송이라는 추가 설명으로 보아 북한이 UPI라는 미국 통신사에 제공한 사진을 한국 측에서 다시 전송받아 게재한 것이다.

↑ 우리 인민군해병들에 의하여 나포된 《푸에블로》호 선원들과 자백서를 쓰고있는 함장

북한 앞바다에서 정보를 수집하다 북한군에 나포된 미국의 정보 수집함 푸에블로호 승무원들이 항복을 하며 배에서 내리는 사진. 북한은 1968년에 촬영된 이 사진을 반복해서 사용하고 있다(≪노동신문≫, 2014년 1월 23일 자).

　　이 사진은 북한의 교과서와 역사서에 등장하는 북한산産 사진이다. 아마 북한이 해외에 사진을 제공한 첫 사례가 아닐까 싶다. 사진 속 미군들은 누가 보아도 패잔병의 느낌이다. 자신들의 정체성을 자신들이 선택할 수 없는 상황이다.

　　만약 오늘날 AP 지국이 있는 상황에서 유사한 사건이 발생한다면 어떻게 될까? 이 사진 한 장만 역사에 기록될까, 아니면 복수의 사진기자 간 경쟁을 통해 여러 장이 등장하고 그중에 한 장이 선택될까?

4. 조작 사진

2008년의 김정일 건강 이상설 이후 북한에 대한 관심이 높아지고 많은 외부 관찰자가 북한을 들여다보고 있지만, 북한 사진에서 조작의 사례를 찾아낸 것은 그리 많지 않다.

천안함 폭침 3주년이었던 2013년 3월 26일 자 북한 ≪노동신문≫의 1면에는 김정은 국방위원장이 군부대를 현지 지도하는 사진이 실렸다. 그리고 김정은의 사진 외에도 김정은이 직접 관람했다는 조선인민군 제324대연합부대 등의 상륙작전 훈련 모습과 포 쏘는 모습이 각각 1면과 2면에 실렸다.

1면에 실린 상륙작전 모습 사진에 대해 미국의 ≪디 애틀랜틱≫은 곧바로 디지털 사진을 조작한 의혹이 있다고 주장했다. ≪디 애틀랜틱≫은 사진에 등장한 북한군 공기 부양정 여덟 척 가운데 두세 척은 실제 훈련에 참여하지 않았지만, 다른 공기 부양정의 모습을 복사해 붙인 것이라고 주장했다. 사진 왼쪽에 보이는 공기 부양정은 바다 표면과 맞닿은 부분에 물거품이 전혀 없어 마치 잠수정이 수면으로 올라온 것처럼 보이는데, 다른 부양정이 사진 오른쪽에서 왼쪽으로 이동한 것과는 전혀 다른 형태를 보인다.

공기 부양정의 수를 늘린 것은, 북한의 화력이 강하다는 것을 북한 내부에 강조하는 과정에서 나온 실수로 보인다. 이 사진들은 북한 내부에서는 ≪노동신문≫을 통해 흑백으로 전달되었고, 인터넷에 띄운 PDF 파일에서는 상대적으로 해상도가 높은 컬러사진이었다. 눈에 잘 띄는 컬러사진이

조작된 훈련 사진(≪노동신문≫, 2013년 3월 26일 자).

외부로 전달되는 과정에서 북한을 관찰하는 연구자들이 조작 의혹을 제기하게 되었다.

북한은 2011년 7월에 조선중앙통신사를 통해 북한의 대동강 변이 수해를 입은 것을 증명하는 사진을 공개했는데, 수해로 잠긴 거리 모습을 과장했다. 흙탕물이 튀지 않고, 자전거 자국이 보이고, 픽셀이 깨져 있다는 점에서 포토샵을 이용한 조작 사진이라고 단정적으로 말할 수 있다. 이것은 수해 피해 정도를 과장함으로써 국제사회의 동정을 더 많이 얻으려다 벌어진 일로 보인다.

조작된 수해 사진(조선중앙통신사, 2011년 7월 16일).

    북한은 자국의 자연환경이나 인민들이 휴식하는 모습을 강조하기 위해 가끔 사진을 조작한다. 대동강 변을 날아다니는 철새나 유적지 관람객의 수를 늘린다. 하지만 이런 사례는 그렇게 많지 않다. 그리고 최고 지도자가 나오는 사진의 경우에는 조작을 하는 경우가 거의 없다. 다만 2008년 8월의 김정일 건강 이상설 이후부터 1~2년간 몇 차례 사진을 조작한 경우가 있다. 건강 이상설 이후 처음으로 나왔던 것이 여성 해안포 중대 방문 사진인데, 북한 내부에서는 흑백으로 지면에 게재했다. 그러나 외국에는 컬러사진이 배포되었고, 결국 한반도의 가을 날씨와는 맞지 않아 조작 시비가 일었다. 건강 이상설 직전에 촬영한 사진일 가능성이 크다.

조작 사진은 건강 이상설 이후 1년 정도 지난 2009년 가을부터 나타나기 시작했다. 가장 심각한 사례는 2009년 4월에 한 번 실린 사진을 6월에 다시 실으면서 ≪노동신문≫에서 맨 앞줄 부분을 합성해 수정한 것이다. 뒷줄 사람들의 표정과 포즈는 똑같다(155쪽 사진 참조).

그러다 구호판 조작이 몇 번 나타난다. 구호판은 전체 기념사진을 찍을 때 뒤에 붙는 플래카드 같은 것을 말한다. "우리 장군님과 끝까지 뜻을 같이하자" 등의 구호판을 사진에 사후적으로 붙여넣었다. 원래 '1호 사진'은 조작을 잘 안 하는데, 이 시기에는 김정일이 살아 있다는 것을 보여주어야 한다는 강박을 느낀 데다 사진을 통해 외부 세계에 자신들의 메시지를 분명하게 전달하기 위해 사진을 만진 것으로 파악된다.

2010년 12월 25일에 사망한 김정일의 시신 사진을 보여주면서 오른쪽 뺨에 있는 검버섯을 지우기도 했다.

북한이 외부 세계에 보여주는 사진은 실제로 일어났던, 존재했던 상황을 촬영한 사진이 99퍼센트라고 할 수 있다. 다만 그 상황이 사실일 뿐, 진실은 아닐 수도 있다는 생각으로 접근한다면 북한 사진을 통해 북한을 보는 일이 좀 더 쉬워질 것이다. 아주 꼼꼼히 들여다보고 그 사진이 나오게 된 맥락을 면밀하게 분석한다면 거짓과 참이 구별될 수 있을 것이다.

5. 남북한은 지금 이미지 전쟁 중

2012년 4월 20일, 한국의 ≪동아일보≫를 비롯한 일간지 1면에는 한국의 국방부가 제공한 사진이 실렸다. 우리 기술로 개발한 탄도미사일과 크루즈미사일이 발사되는 모습을 촬영한 동영상과 사진이다. 신원식 국방부 정책기획관은 "군은 현재 북한 전역의 어느 곳이나 즉각 타격할 수 있는 세계 최고 수준의 정밀도와 타격 능력을 갖춘 순항미사일을 독자 개발 배치했다"라고 밝혔다.

예비군 훈련장의 건물도 '촬영 금지'로 묶어둔 우리 사회에서 군사 보안에 해당하는 엄청난 정보를 언론에 대대적으로 공개한 것은 그 나름의 목적이 있을 것이다.

국방부가 공개한 미사일 사진은 북한을 겨냥한 것이라고 할 수 있다.

4월 18일에 북한 인민군 최고사령부 대변인은 성명을 내고 "이명박 역적 패당을 죽탕 쳐버리기(마구 쳐서 볼품없이 만들기) 위해 거족적인 성전을 재천명한다"라며 "서울 한복판이라 해도 그것이 최고 존엄을 헐뜯는 도발 원점인 이상 통째로 날려버리기 위한 특별 행동 조치가 취해질 것"이라고 밝혔다. 북한은 "≪동아일보≫를 비롯한 보수 언론 매체가 우리의 존엄 높은 영상 모습까지 날조했다"라고도 목소리를 높였다. 북한은 또한 "대한민국어버이연합 소속 늙다리 반동들과 꼭대기에 피도 마르지 않은 깡패 대학생들이 서울 광화문광장에서 망나니짓을 벌이고 우리 최고 수뇌부 형상에 총질까지 해대는 난동을 부렸다"라며 그 배후에 이명박 정부가 있다고 주장했다.[2]

서울에서 보수 단체들이 집회 후 김정일·김정은 부자의 얼굴 사진을 불태우고 있다(≪동아일보≫, 2010년 10월 1일 자).

북한은 왜 "존엄 높은 영상 모습"을 남한 사람들이 날조했다고 주장하는 것일까? 몇 가지 가능성이 있다. 첫째, 북한이 공식적으로 보여준 김정은의 연설 내용만을 보도하지 않고 뒷얘기를 추가 취재한 것에 대한 불만일 것이다.

2012년 4월 15일, 북한은 김일성 생일을 맞아 대규모 열병식을 평양에

---

2 "北 군부 "최고존엄 영상까지 날조… 서울 한복판 날려버릴것"", ≪동아일보≫, 2012년 4월 19일 자, A1면.

서 개최했고 김정은은 약 20분간 대중 연설을 했다. 이 장면은 조선중앙텔레비전 중계망을 통해 전 세계로 생중계되었다. 또한 현장에서는 외신 기자 70여 명이 이 광경을 멀리서 지켜보았다. 멀리서 지켜보았다는 것은, 김정은 주변으로 접근하지는 못한 채 '주석단' 아래에서 망원렌즈를 통해 촬영했다는 의미이다. 김정은 옆으로는 북한의 사진가들만이 접근할 수 있었다. 멀리서 지켜본 외신 기자들은 김정은의 공식적인 대중 연설 내용만 들을 수 있었다. 언론으로서는 미리 준비한 원고를 읽었던 김정은의 연설 내용보다는 비공식적인 대화 내용에 관심을 보일 수밖에 없다.

4·15 열병식을 준비하면서 북한은 대담한 결정을 한다. 김정은의 육성을 공개하기로 한 것이다. 김정은은 미리 준비해준 원고를 읽고 또 읽으며 첫 데뷔를 준비했다. 김정일은 조선인민군 창건 기념일인 1992년 4월 25일에 "영웅적 조선인민군 장병들에게 영광 있으라"라는 열여덟 음절만을 남겼다. 우리가 기억하는 두 차례의 남북 정상회담에서 한국 대통령들과 나눈 대화 내용을 북한의 일반인들은 듣지 못했다. 그만큼 김정은의 목소리 공개는 북한으로서는 수많은 고민과 예행연습을 거친 결과였을 것이다. 하지만 북한의 이런 의도대로 되는 것은 아니다.

한국의 《동아일보》는 경축 열병식 중계 화면에서 김정은 노동당 제1비서의 입 모양을 분석해 군 핵심 간부들과 주고받은 대화 내용을 보도했다. 이 신문은 2012년 4월 17일 자 지면을 통해 김정은이 최룡해 인민군 총정치국장, 이영호 군 총참모장, 김정각 인민무력부장 등 군부 3인방에게 '동지'라는 호칭을 사용한 것으로 확인되었다고 보도했다. 보도에 따르면 김정은은 이들에게 반말과 존댓말을 섞어가며 열병식에서 선보인 무기들에 대해 잇달아 질문을 던졌고, 김정은은 특정 미사일을 가리키며 "저게 쏜 적이 있는가"라고 묻기도 했다. 신문은 또 한미 대북 정보 요원들은 열병식 중계방송에 2~5초씩 등장하는 김정은과 군부 3인방의 대화 장면을 반복 시청하면서 정확한 대화 내용을 파악 중이라고 보도했다.[3] 북한은 남한의 일거수일투족을 위성방송, 인터넷 등을 통해 실시간으로 살펴보고 있다. 물론 우리도 북한의 일거수일투족을 미국 인공위성을 통해 보고 있기는 하지만, 우리는 디테일에서 약하다. 잘 안 보인다. 북한이 공식적으로 배포하는 자료와 화면은 북한을 제대로 보기에는 턱없이 부족하다. 정보의 비대칭성을 극복하려면 북한이 배포하는 공식 자료의 뒷장을 살펴보게 된다. 음성이 없는 김정은의 입 모양을 보고 김정은을 분석하려고 하는 것이 북한으로서는 못마땅했을 것이다.

둘째, 김정은의 모습이 할아버지 김일성을 흉내 낸 것이라는 비판적 분석에 대해 화가 났을 수도 있을 것이다. 한국의 언론들은 김정은이 김일성의 '아바타'라는 표현을 하기도 했으며, 이것이 북한을 자극했을 가능성이 있다. 하지만 열병식에 백마 수십 마리가 등장하고 할아버지 김일성이 입었던 흰색 군복이 재현된 것은 해외 유학까지 한 김정은이나 현대 북한과는 전혀 관련이 없는 이벤트인 것은 분명해 보인다.

셋째, 북한이 밝혔듯이, 광화문에서 대학생들이 3대 세습을 비난하는 퍼포먼스를 한 것에 대한 불만이 있었을 것이다. 최고 지도자의 얼굴이나 이름을 퍼포먼스에 이용하는 것이 남한에서는 이미 보편화되어 있지만,

---

3 "金, 미사일 가리키며 "저것 쏜 적이 있나"", 《동아일보》, 2012년 4월 17일 자, A10면.

북한 군인들이 한국 대통령의 얼굴을 표적 삼아 사격 연습을 하고 있다[연합뉴스(조선중앙텔레비전), 2012년 3월 8일].

북한으로서는 아직 익숙하지 않은 장면이었을 것이다. 북한은 한국 대통령의 이름에 실제 총탄을 쏜 그림을 공개하기도 했다. 남북한은 오늘도 이미지를 통해 서로를 공격하고 있다.

6. 북한이 원하지 않는 이미지

북한의 이미지 관리는 철저하지만, 항상 마음대로 되는 것은 아니다.

대표적인 것이 인공위성을 통해 외국이 북한을 훔쳐보거나 감시하고 있다는 사실이다. 핵 시설뿐만 아니라 김정은이 참가하는 군중집회까지

평양에서 열린 김일성의 100번째 생일 기념 축하 퍼레이드. '영광'이라는 대열 앞에 김정은이 서 있을 것이다. 북한으로서는 아주 두려운 감시일 것이다(AP/디지털 글로브, 2012년 4월 15일).

모조리 감시당하고 있다. 이렇게 촬영된 이미지는 전 세계로 전달된다. 북한으로서는 여간 곤혹스러운 상황이 아닐 것이다.

또한 형들인 김정남과 김정철은 북한 신문에서는 거의 등장하지 않지만, 외국 언론의 집요한 추적에 가끔 이미지가 노출된다. 그리고 그러한 이미지는 북한이 원하는 방식으로 표현되거나 재현되지 않는다. 홍콩에서

평양에서 열린 김일성의 100번째 생일 기념 축하 퍼레이드를 지상에서 찍은 사진. 초상화 아래 김
정은이 서 있을 것이다(≪노동신문≫, 2012년 4월 16일 자).

외국 가수의 공연을 보는 김정철의 모습은 북한으로서는 아픈 이미지라고
할 수 있다.

북한도 이미지 관리가 어렵다는 것을 느끼고 있을 것이다.

북한이 가장 싫어하는 사진이 무엇일까? 김정은의 외국 유학 시절 사진
이 아닐까? 그 사진은 김정은의 청소년 시절을 함축적으로 보여준다. 많
은 북한 주민이 기아에 허덕이던 1990년대 중반에 김정은은 그들과 함께
있지 않았다는 것을 보여준다.

김정은 시대의 가장 큰 딜레마는 '정체성'의 문제이다. 외국에서 유학한
20대의 젊은 지도자와 3대 세습이라는 봉건 체제의 유산이 부딪히는 모순.

이것은 김정은과 그 옆의 관료들에게는 가장 큰 도전이다.

게다가 불만이 존재할 수도 있다. 김정은은 정당성이 덜 확보된 상태에

스위스의 신문인 ≪블리크(Blick)≫가 김정은의 형 김정철이 스위스의 베른 국제 학교에 다니던 시절의 사진을 입수해 공개했다(≪동아일보≫, 2009년 6월 16일 자).

서 정권을 받았기 때문이다. 정치적 정당성을 확보하고 존재감을 부각하는 것은 김정은과 그 옆의 정책 결정자들을 비롯한 김정은 지지 세력들의 중요한 과제이다. 북한은 김정은에 대한 이미지를 높이기 위해 다양한 방식의 홍보 정책을 사용한다. 필요한 것은 보여주고 피하고 싶은 것은 철저하게 통제하고 있다. 스위스의 베른 국제 학교International school of Berne에 유학하던 시절의 사진은 북한 내부에서는 공개된 적이 없다. 하지만 준비된 지도자임을 증명하려는 사진은 거의 매일 반복적으로 보인다. 그리고 그런 작전은 성공을 거두고 있다. 북한의 이미지 정책이 성공할 수 있는 것은 아무도 저항하지 않는다는 점 때문이다. 매스미디어가 독점된 상황에서 권력이 원하는 이미지만 전달된다. 그리고 경직된 사회 분위기에서 아무도 김정은이 나온 사진에 대해 토를 달지 않는다. 김정일은 혁명의 메카인 백두산을 강조함으로써 취약한 권력 승계의 정당성을 확보하려 했다. 이에 비해 김정은은 경제 분야의 성과를 강조하고 있다.

김정은 체제의 과제는 경제 회생과 권력의 정당화이다. 할아버지 때부터 약속했던 강성 대국과 '이밥에 고깃국'으로 상징되는 경제 발전은 아직 요원해 보인다. 이 과정에서 인민들은 어떻게든 살려고 노력하고 있다. 기근과 중공업에 대한 자원 집중으로 생존을 위협받아온 북한 인민들은 자구적 노력을 계속해왔다. 탈북 행렬 역시 이념에 대한 불만보다는 먹을거리에 대한 욕구 때문이라는 분석이 많다. 여전히 경제가 어려운 가운데 등장한 김정은에게 경제 문제의 해결은 필수적인 과제이며 권력을 강화하기 위해서도 꼭 필요한 과제이다. 김정은은 현지 지도와 행사를 통해 "경제 문제가 해결되고 있다", "경제 문제를 해결할 수 있는 지도자다"라는 메시지를 계속 전달하고 있다. 평양 시내의 아파트와 백화점 등 공사 현장과 각종 놀이 시설, 스키장 등을 인민들에게 계속 보여주고 있다. 경제 회생의 증거를 인민들에게 전하고 있는 것이다. 그러나 ≪노동신문≫에서 보여주는 각종 건물과 위락 시설 공사 현장의 대부분이 평양 시내라는 점을 고려할 때 강성 대국의 약속은 김정은의 생활 반경 안에서만 이루어지고 있다는 비판을 할 수 있다. 하지만 북한 내부에서 그런 비판적 의견과 통계를 낼 수 있는 학자와 기자는 없다. 인민들은 매스미디어로 보여주는 세상이 어느 정도 진실에 가까울 것으로 믿는다. 비록 개인의 삶은 그렇지 않더라도 누군가의 생활은 점점 나아지고 있다고 믿는 것이다.

7. 사진 촬영은 공격 행위

사진을 찍은 죄가 북한에서는 큰 죄인데, 그것은 사진 촬영(감시surveillance)
을 공격attack으로 간주하기 때문이다. 경수로 공사 때문에 북한에 7년간
머물렀던 한 카메라맨은 "사진기를 든 사람은 동포로 생각하지 않고 해코
지를 할 적으로 의심한다"라고 말하며 "KEDO 숙소 옆에서 산불이 났을 때
디지털카메라로 사진을 찍다가 추방당한 협력 업체의 동료가 있었다. 그
동료는 아무 생각 없이 사진을 찍었을 뿐인데 간첩 혐의를 의심받고 출국
당한 것이다"라고 자신이 보았던 일을 담담하게 증언했다.[4]

  인터넷 언론 매체인 ≪아시아엔≫은 북한 평양에서 7개월 동안 한국어
연수를 마치고 돌아온 중국인 대학생 두 명을 2012년 3월에 인터뷰했다.
2011년 4월에서 10월까지 북한의 '김형직사범대학'에서 한국어 연수를 했
던 중국인 학생 중 한 명은 "다른 대학의 중국 유학생 3~4명이 평양의 한
시장에 가서 물건 파는 아주머니를 카메라로 찍었는데, 아주머니들이 몰
려와 카메라를 빼앗아 사진을 지웠다"라고 전하며 곧 평상복을 입은 경찰
이 나타나 사진 찍은 학생을 데리고 어디론가 갔다고 증언했다. 오후 3시
쯤에 잡혀갔던 그 중국인 학생은 심문을 받고 아픈 척을 한 후 자정이 되어
서야 기숙사에 돌아올 수 있었다고 하며, 주북한 중국 대사관에서도 이 일
로 학생을 면담했다고 한다.[5]

---

4 리만근, 『30년 사진 인생, 7년간 북한을 담다』(시대정신, 2006), 247쪽.
5 "북한 억양 남았지만 특별한 경험", ≪아시아엔≫, 2012년 3월 9일 자.

북한은 자신들이 원하는 사진만 찍기를 기대한다. 그래서 남한 기자들이 방북해 취재를 할 때면 안내원을 1인당 서너 명씩 배정해 철저하게 감시한다. 필자의 경우 2006년에 방북했을 때 안내원 네 명이 붙었다.

BBC의 존 스위니John Sweeney 기자는 2013년 3월에 7박 8일 동안 런던 정치경제대학교London School of Economics and Political Science: LSE 박사과정 학생으로 신분을 속이고 북한을 다녀왔다. 스위니는 외국인을 철저하게 통제하는 북한 당국에 대해 단단히 화가 났다. 2013년 5월 11일 자 ≪중앙일보≫ 인터뷰에서 스위니는 "음료수 공장이라고 데려간 곳에는 음료수병이 없었다. 어린이 야영장이라고 보여준 곳에는 어린이가 없었고, 병원에는 환자가 없었다. 환자들이 오전에 왔다가 다 귀가했다고 했다. 우리를 바보 취급했다"라고 말했다.[6]

신분을 속임으로써 동행했던 대학원생 열 명을 위험에 빠뜨렸다는 비판도 있지만, 스위니는 언론의 공익적 목적에 부합하는 행위라고 항변하고 있다.

아마 기자들이 가서 보는 북한은 거의 비슷할 것이다. 북한은 철저하게 통제된 가운데 기자들을 안내하기 때문이다. 한국 기자들을 포함해서 외국인은 거대한 세트장에서 촬영이 허가된다. 그리고 그 세트장은 평양 시내로 한정된다.

---

6 "판문점 지키는 북한 군인들 미국 팝송 흥얼거리더라", ≪중앙일보≫, 2013년 5월 11일 자, 20면.

8. 북한 여성 아나운서들이 몸을 비트는 이유

북한에서도 영상 이미지는 중요한 언어가 되어가고 있다. 2015년 2월 16일 밤에 백두산 정일봉에서 김정일 생일을 기념하기 위해 매년 벌어지는 폭죽놀이 사진에서 특이한 점이 발견된다. 산꼭대기에서 퍼지는 폭죽의 불꽃을 지켜보는 인민들의 손에서 무언가가 반짝인 것이다. 관람객 수백 명 중 10여 명의 손에서 비슷한 빛이 보인다. 스마트폰 액정에서 나오는 빛이거나 디지털카메라의 액정에서 나오는 빛의 형태이다.

카메라가 대중화된다는 것은 그만큼 매스미디어가 보여주는 영상 이미지의 수준에 대한 기대치가 높아질 수 있다는 의미이다. 이러한 변화와 맥을 같이 하는 변화가 있다. 2012년 2월부터 북한 조선중앙텔레비전에서 뉴스를 전하는 방송원들의 포즈에 변화가 있다. 기존에는 화면 가운데에서 몸이 정면을 향하는 방식이었다. 그런데 이때부터는 몸을 약간 튼 상태에서 정면을 바라보고 있다. 시선이야 방송원의 특성상 카메라를 정면으로 바라보는 것이 당연하지만, 몸 자체가 정면을 바라보는 것은 북한에서만 오랫동안 유지되던 관행이었다. 한국과 미국, 심지어 중국에서도 방송 아나운서들은 화면의 중심에서 약간 벗어난 곳에서 약간 몸을 비튼 상태로 출연한다. 북한 아나운서들도 이제 몸을 틀기 시작한 것이다.

20~30대의 젊은 여성 아나운서가 대폭 늘어나는 것이야 세대교체라는 측면에서 이해할 수 있을 테지만, 아나운서들의 자세가 변한 것은 무언가 특별한 의미가 있을 것이다.

이우영 북한대학원대학교 교수는 2012년 3월 13일에 연합뉴스와 가진 인터뷰에서 "김정은이 애니메이션 등 비주얼 분야에 관심이 많은 것으로 알고 있는데 이와 관련이 있어 보인다"라며 "김정은 시대 들어 북한의 대 주민용 '이미지 메이킹image making' 전략도 전반적으로 바뀌는 것 같다"라고 말했다.[7]

우리가 일상생활을 하면서 정면으로 사진을 찍히는 경우는 많지 않다. 취업을 위해 증명사진을 찍어야 하는 경우와 아주 어릴 적 초등학교 소풍을 갔을 때의 단체 사진 정도가 그렇다. 증명사진에서 몸이 정면을 향해야 하는 것은 증명사진이라는 것이 원래 그 사람을 증명해야 하기 때문이다. 주민등록증이나 여권 사진에서 기본적으로 요구하는 사항이 '양쪽 귀가 다 잘 보일 것'이다. 그래서 머리가 긴 사람도 증명사진을 찍을 때는 양쪽 귀가 다 보이도록 머리카락을 손질하거나 포즈를 취해야 한다. 양쪽 귀가 다 보이게 해야 하는 이유는 얼굴 성형에서 귀 성형이 가장 어렵고 따라서 귀는 지문과 같이 사람을 특정identify하는 데 중요한 요소이기 때문이다.

증명사진을 찍는 경우를 제외하고 우리는 카메라와 몸을 대칭으로 놓지 않으려고 한다. 이것도 관행이고 문화라고 할 수 있다. 옛날 선조들의 초상화를 보면, 대부분이 정면을 바라보는 포즈가 아니라 약간 몸을 뒤틀고 있다. 동양화 이론에서는 정면을 바라보는 얼굴 각도를 10분면이라고 하고 약간 틀면 8분면이나 9분면이라고 한다. 조선 시대 초상화를 연구한 조선미 성균관대학교 교수의 통계에 따르면, 가장 많은 얼굴 각도는 왼쪽 얼굴의 7분면이다. 정면을 바라보는 초상화는 중국에서 많이 나타났었다.

---

7 "북한TV 맞아?"…뉴스보도 봄맞이 새단장", 연합뉴스, 2012년 3월 13일 자.

김정은 시대, 1호 방송원은 여전히 반듯하게 정면을 향한다. 하지만 배경 화면에는 변화가 있다. 이전의 나무 재질 배경 대신에 백두산 화면을 사용한다(조선중앙텔레비전).

17세기에서 청대 말까지 그려진 인물화에서 흔히 발견된다. 물론 현대 중국 회화와 방송에서는 거의 나타나지 않고 있다. 중국의 초상화가 많이 사용했던 10분면이라는 얼굴 각도의 그림은 조선 초상화에는 거의 영향을 끼치지 못했다.[8]

하지만 북한의 방송 아나운서들은 정면 초상화처럼 시청자 앞에서 방송을 해왔다. 초상화를 비롯한 영상 이미지 속 주인공이 시청자를 정면으로 보고 있다면 강한 호소력을 갖게 된다. 특히 이미지의 모델sitter이 권위

---

8   조선미, 『초상화 연구: 초상화와 초상화론』(문예출판사, 2007).

를 가진 존재라면 시각적 호소력은 강화된다. 김정은 시대에 '태양상'으로 교체되기 전, 북한의 공공건물에 걸렸던 김일성과 김정일의 초상화가 대부분 10분면의 얼굴 각도에서 그려졌었던 것도 이러한 시각적 호소력을 위한 의도로 해석된다. 중국 초상화 연구가인 이국안은 정면 각도의 이유를 "참배 심리의 강화제이자 내심 다른 사람들의 존경을 받고자 하는 이른바 성현 의식을 찾고자 한 것"이라고 보았다.[9]

광고계에서는 정면 모습le frontal을 '1인칭형'의 광고로 본다. 등장인물의 자세와 시선이 정면, 즉 광고의 수신자에게 향해 있다면 광고의 인물은 수신자와의 관계에서 항상 우위에 놓이게 된다고 본다. 정면의 자세와 함께 수신자를 똑바로 바라보는 시선은 1인칭의 의미 작용을 일으켜 수신자를 즉각적으로 화면 속으로 끌어들일 수 있다. 이러한 상황에서 화면 속 인물은 다소 권위적이고 명령적인 태도로 영상 밖에 존재하는 수신자를 대하게 된다.[10]

김정은 시대의 북한 아나운서들이 몸을 틀기 시작한 것은 이런 점에서 북한이 조금씩 변하고 있다는 것을 보여준다. 젊은 지도자가 등장하면서 보여주기 방식도 변하고 있는 것이다. 그래픽을 많이 사용하고 세련된 색채로 화면을 구성하기 시작한다는 것도 변화라고 볼 수 있다. 변화의 이유는 기존의 방식만으로는 더는 시청자의 시선을 끌기 어려워서일 것이다. 미디어가 시선을 끌지 못한다는 것은 역할을 하지 못한다는 것을 의미한

---

9 같은 책, 255쪽.
10 엄홍석, 『광고 담화와 영상의 수사학』(경상대학교출판부, 2004).

다. 김정은 시대 북한의 본질에도 변화가 있는지에 대해서는 아직 예단하기 어렵지만, 최소한 미디어 전략은 변하고 있는 것으로 보인다. 새로운 시대를 반영하는 것인지, 새로운 시대라는 이미지를 위한 변화인지는 좀 더 지켜보아야 할 일이다.

제4장

기 술 관 료 들 의 역 할

북한 이미지 정치의 과거와 현재를 추적하면서 필자의
머릿속을 떠나지 않는 질문이 하나 있다. "체계적인 선전과
이미지 관리 전략을 짜는 사람 또는 실무 그룹은 누구일까?"
결론부터 말하자면 김기남을 주목하자는 것이다.

1. 김정은의 사진을 찍는 사람들

2013년 9월, 서울 여의도 국회의원회관 앞. 내란 음모 혐의를 받고 있는 이석기 통합진보당 의원실 앞에는 카메라 수십 대가 장사진을 이루었다. 비슷한 시기 불법으로 비자금을 조성했다는 의혹을 받은 전두환 전前 대통령의 서대문구 연희동 집 앞도 밤낮으로 카메라맨들로 북새통을 이루었다. 정치인의 입장에서 보자면, 카메라맨은 참 귀찮은 존재일 수 있다. 하지만 정치인들이 직접 고용한 카메라맨들이라면 상황은 달라진다. 좋은 모습과 정치적 필요에 적절한 사진만 찍는다면 굳이 카메라를 마다할 이유는 없다.

한시환, 이대영, 최인영, 김인완, 김승균. 1950년대에서 1960년대 중반까지 북한에서 김일성의 사진을 찍었던 사진기자들의 이름이다. 1967년 10월 12일 자 ≪노동신문≫부터는 더는 사진기자들의 이름이 확인되지 않는다. '조선중앙통신사 제공' 또는 '본사 정치보도반'이라는 팀 이름이 김일성 사진 밑에 붙어 있게 된다. 이러한 관행은 김정일 시대를 관통해 김정은 시대까지 이어지고 있다. 김정은의 사진을 누가, 그리고 몇 명이 찍는지 신문 지면을 통해서는 확인되지 않고 있다.

하나의 리얼리티는 하나의 이미지로만 재현되지는 않고, 복수의 이미지로 재현될 수 있다. 누가 찍느냐와 어떻게 찍느냐에 따라 달라진다. 김일성과 김정일의 사진은 '1호 사진'이라는 별칭으로 불린다. ≪노동신문≫에서는 혁명 활동 보도라고 한다. 북한의 '1호'를 찍을 수 있는 사람들은 선별된 '1호 사진가'들이다. 김정일이 아버지 김일성의 사진을 촬영할 사

김정은이 손을 흔드는 장면을 찍기 위해 1호 사진가(가운데)가 박봉주 경공업부장(왼쪽)과 김양건 비서(오른쪽)를 밀치면서 앞으로 뛰어나오고 있다(≪노동신문≫, 2012년 10월 29일 자).

진가를 북한 최고의 학부인 김일성종합대학 어문학부 졸업생 중에서 선발했다는 기록도 있을 만큼 선발에서 당성이 우선으로 고려된다.

　김정은 시대에 김정은을 촬영하는 사람이 누구일까 동영상을 유심히 보았다. 흥미로운 점은 김정일 시대의 촬영 기자가 그대로 있다는 점이다. 170센티미터가량의 중간 키에 40대 후반가량으로 보이는 사진기자는 이름은 알 수 없지만 김정일을 전담하던 사진기자였는데, 김정은의 사진도 전담하고 있다. 그 외에 30대 중반으로 보이는 젊은 남성도 김정은의 사진을 전담해서 찍고 있다. 김정은을 찍는 사람들은 주로 일본 니콘의 최신형 카메라(현재는 Nikon D4)를 지급받으며, 급한 상황이라면 내각 총리를 지낸 박봉주를 손으로 밀 수 있을 만큼의 자율성도 갖고 있다. 사진 속의 김양건 비서도 언짢은 표정이지만 길을 내준다. 북한의 이미지 정치는 이들이 누르는 셔터에서 시작된다. 김일성이 사망한 후 김정일은 측근을 대폭 교체하는 작업을 한 것으로 알려졌다. 김정은의 최측근 경호도 김정일의 최측근 경호원이 그대로 맡고 있다는 점을 고려할 때, 김일성 사망 때와는 달리 이른바 기술 서기들은 교체 없이 가고 있다고 추론할 수 있다.

2. 정치적 변혁기에 큰 역할을 하는 김기남

김정은의 이미지 정치는 톱니바퀴가 맞물려 돌아가는 것처럼 정교하게 이루어진다. 정해진 틀에서 벗어나지 않는다. 북한 이미지 정치의 과거와 현재를 추적하면서 필자의 머릿속을 떠나지 않는 질문이 하나 있다. "체계적인 선전과 이미지 관리 전략을 짜는 사람 또는 실무 그룹은 누구일까?" 사실 특정인이나 세력을 지목하는 것이 굉장히 위험하고 부실한 논거가 될 수도 있다. 그리고 언젠가는 밝혀질 일을 확인되지 않은 사실을 가지고 추측하는 것이 못내 마음에 걸리기도 한다. 하지만 북한이 경제와 국제 관계 등 여러 가지 문제점을 갖고 있는데도 체제가 유지되고 3대 세습까지 이어지고 있다는 점에서 내부적인 설득 메커니즘을 운영하는 세력에 대한

김기남(왼쪽에서 네 번째 사람)은 북한의 지도자 3대를 지켜보면서 조언을 해온 북한의 스핀 닥터이다(≪노동신문≫, 2013년 9월 10일 자).

이해는 반드시 필요하다. 다른 것은 실패해도 선전 분야는 계속 성공하고 있다는 가정에서 이 분야 핵심을 찾아보고자 한다.

결론부터 말하자면 김기남을 주목하자는 것이다. 일본 교도 통신사의 서울지국장을 지낸 히라이 히사시平井久志의 책『김정은 체제: 북한의 권력구조와 후계』의 216쪽에 흥미로운 통계자료가 수록되어 있다. 1995년부터 2010년까지 김정일 총서기의 동행자 리스트이다. 일본의 라디오프레스가 김정일의 현지 지도에 동행한 간부들의 동행 횟수를 정리해놓은 것이다. 16년의 통계 자료에서 김기남이 동행 횟수 1위를 기록한 해가 두 번 있다. 1995년과 2009년이다.

2009년에는 무려 111회를 동행했다.[1]

1995년과 2009년은 북한에서 선전에 대한 정치적 필요political need가 최고조에 달했던 시기라고 할 수 있다. 즉, 권력 세습을 정당화하는 작업이 절실하게 필요했던 시기이다. 1994년 7월에 김일성이 사망했을 때, 그리고 2008년 8월에 김정일의 건강에 이상이 발생했을 때 그다음 해에 북한 정권에서 가장 중요한 업무는 후계자를 인민들에게 어떻게 드러내 보이며 저항 없이 후계자로 인식되게끔 하느냐였을 것이다. 김기남의 진가眞價는 권력 이양기에 나타난 것이다.

김기남은 1960년대 이후 김정일의 최측근으로 활동해왔다.

1960년대 북한의 문화 전략에서 특기할 만한 사실은 김정일이 문화 정책에 관여하기 시작했다는 점이다. 김정일은 대학을 졸업한 후 1964년에 조선노동당 중앙위원회 조직지도부 지도원으로 북한 정치에 발을 들이기 시작했다. 북한 전체를 움직이는 핵심 부서인 당 조직지도부에서 경력을 이어가는 한편으로 선전선동부에서도 주요 직책을 맡았다. 1967년 갑산파 숙청 이후에 선전선동부 문화예술지도과 과장으로 승진해 영화예술 분야에서 '반당적 해독'을 제거하고 김일성 우상화 작업을 주도했다. 그 후 선전선동부 부부장과 선전선동부 부장을 거쳐 1973년 선전 담당 비서로 선출되었다. 김정일이 선전선동부를 통해 북한 문화 정책에 관여하기 시작하면서 북한의 문화 예술은 미학적인 기준보다는 정치적이고 사상적인 기준에 따라 작품을 평가하는 쪽으로 방향을 틀었다는 것이 일반적인 평가이다. 1967년 문학계 내에서 벌어진 반종파 투쟁은 북한 문화의 이념적

---

1   히라이 히사시, 『김정은 체제: 북한의 권력구조와 후계』, 백계문·이용빈 옮김(한울, 2012), 216쪽.

지향이 변화하는 결정적 계기였다. 반종파 투쟁을 통해서 기존의 문학예술 작품들은 수정주의와 반동주의, 사대주의로 비판되고, 수령의 형상화를 소재로 하는 교조주의적 문예관이 확립된다.[2] 김일성 유일사상 체계가 정립된 것도 1960년대 후반이다. 주목할 점은 문화 분야에서 김기남과 김정일의 이력이 정확히 일치한다는 것이다.

김기남은 선전 분야에서 오랜 기간 종사하며 김일성과 김정일을 찬양하는 각종 구호와 문헌, 노작(논문)들을 집필해 김정일의 각별한 신임을 받았다고 전해진다. "우리식대로 살아나가자!"와 "생산도 학습도 생활도 항일유격대식으로!" 등 북한의 대표적인 구호도 모두 김기남의 작품으로 알려져 있다. 고위 탈북자들은 김정일의 명의로 발표되는 주요 문헌이나 각종 축하문 중에는 김기남의 손을 거친 것이 많다고 설명한다.[3]

3대 세습의 정통성과 정당성을 선전해야 하는 김정은에게 김기남은 이력과 기술을 갖춘, 꼭 필요한 파워 엘리트이다. 김기남의 영향력이 현저하게 확대되고 있으므로, 향후 김기남의 역할에 주목할 필요가 있다.

3. 김정은 가족사진에 등장한 김기남

서른이 채 안 된 젊은 정치인으로, 할아버지와 아버지의 후광 속에서 등장

---

2 김재용, 『북한 문학의 역사적 이해』(문학과 지성사, 1994), 217~219쪽.
3 "北 조문단 대표 김기남 비서는 누구?", ≪데일리NK≫, 2009년 8월 20일 자.

해 북한이라는 국가의 최고 지도자 자리에 오른 김정은은 합리성을 뛰어넘는 카리스마적 지배를 하고 있다. 미디어를 통해 보이는 김정은의 카리스마는 김정일의 그것을 훨씬 뛰어넘는다. 그렇다면 이러한 것은 누가 기획했을까? 그 기획자는 천재인가?

왜 성공할 수 있는 것일까? 저항은 없는가?

북한에서 사진이나 기타 상징체계가 어떤 효과를 끼치는지에 대한 실질적 측정은 현재로서는 어렵다. 하지만 사진이나 상징체계가 어떤 방식으로 작동하는지에 대해서는 살펴볼 수 있을 것이다. 2010년 10월 1일, 한국의 연합뉴스는 북한 조선중앙텔레비전 뉴스에서 수상한 사진 한 장을 발견했다. 당시 후계자로 내정된 김정은이 형 김정철, 여동생 김여정과 함께 김정일의 원산농업대학 현지 지도를 따라가 기념 촬영한 사진이다.

한낮에 촬영된 사진 속에는 김정은으로 보이는, 뚱뚱한 체형에 인민복 차림의 젊은 남성이 두 팔을 늘어뜨린 편한 자세로 서 있고, 오른쪽에는 김정철로 추정되는 남성이 다소 경직된 자세로 서 있다. 김정철은 양복에 흰색 와이셔츠를 입고 위로 치솟은 고수머리 스타일을 하고 있다. 이들 왼쪽으로는 김여정으로 보이는 양장 차림의 젊은 여성이 나란히 서 있다. 그들 오른쪽 약간 뒤편의 남성 두 명은 수행원일 것으로 연합뉴스는 추정했다. 삼남매 사이에 큰 키에 흰머리의 나이 든 남성의 모습이 보인다. 김기남 당비서이다. 이 사진은 조선중앙텔레비전이 2009년 4월 27일 김 위원장의 원산농업대학 현지 지도 소식을 전하면서 내보낸 사진 33장 가운데 1장이다. 이 사진이 왜 김 위원장 현지 지도 사진들과 함께 섞여 나왔는지는 확실하지 않으나, '계산된 후계자 노출' 또는 '실수'로 보인다.[4] 당시 김

2009년 4월 27일, 김정일의 원산농업대학 현지 지도 소식을 전하면서 북한 조선중앙텔레비전이 공개한 사진 33장 중 1장에 고영희의 삼남매가 김기남과 함께 있는 모습이 담겼다. 왼쪽부터 김정철, 김정은, 김기남, 김여정[연합뉴스(조선중앙텔레비전), 2010년 10월 1일 재.

위원장이 등장한 현지 지도 사진이 많아 주목받지 못했다는 관측도 있다.

  김정은이 김 위원장의 현지 지도를 수행한 사진이 공개되면서 후계자 공식화 전에도 후계를 구축하는 작업이 이루어졌음을 알 수 있다. 또한 형 정철, 여동생 여정과는 원만한 관계를 유지하는 모습을 보임으로써 가족과 친족 사이의 권력 갈등 가능성을 불식하려는 의도로 보인다.

---

4 "北김정은 3남매, 화려한 '봄나들이' 사진 공개", 연합뉴스, 2010년 10월 1일 자.

선전의 '귀재'로 알려진 김기남은 특히 김정일 위원장의 후계자 시절부터 김정일 체제 강화를 위한 우상화와 선전을 전담해왔다. 그런 경력을 바탕으로 지금은 김정은으로 이어지는 3대 세습의 정통성과 정당성을 선전하는 업무를 총지휘하고 있을 가능성이 크다.

김정은의 가족사진에 김기남이 포함될 수 있었던 것도 그런 이유가 아닐까. 김기남은 평생 노동당에서 중책을 맡아왔으며, 김씨 집안의 가신 역할을 충실하게 해왔다. 김정은과 형제들이 함께 있는 모습으로는 거의 유일하게 공개된 이 사진에 김기남이 포함되어 있다는 것은 권력의 세습 과정과 세습의 정당화 과정에서 김기남이 차지하는 비중이 작지 않다는 것을 상징적으로 보여준다. 지금도 김정은의 현지 지도에 꼬박꼬박 등장하는 김기남은 평생 한 번도 한직으로 밀려나지 않으면서 김일성과 김정일과 김정은의 이미지 메이킹을 전담하고 있다.

4. 5초간의 묵념과 사진 수십 장

2005년 8월, 남한 사진기자들은 한국전쟁 이후 처음으로 북한 고위 정치인이 서울 동작구 동작동 국립현충원을 찾아 희생자들 앞에서 묵념하는 사진을 찍었다. 놀랄 만한 일이었다.

광복 60주년을 맞아 '자주 평화 통일을 위한 8·15 민족대축전'에 참석하기 위해 서울을 방문한 북측 대표단의 모습이었다. 이 역사적 '화해'의 순간은 남측 언론을 통해 대서특필되었다. 북측 단장은 김기남 조국평화

북한의 김기남 조국평화통일위원회 부위원장 등 북측 대표단 일행이 서울 국립현충원을 참배하고 있다(《동아일보》, 2005년 8월 14일 자).

통일위원회(조평통) 부위원장(노동당 비서)이었다. 김기남은 북측 당국·민간 대표 32명과 함께 현충탑 앞에서 약 5초간 묵념했다.

　10분간의 현충원 방문과 5초간의 묵념은 앞으로 펼쳐질 남북 관계에서 중요한 의미를 가진다. 남측에 '김일성 조문을 요구'하기 위한 사전 포석일 가능성도 있다. 임동옥 북한 통일전선부 제1부부장은 현충원을 참배하는 자리에서 임동원 전前 통일부 장관에게 "2000년 6월 정상회담 직전에 우리가 이 문제(김일성 시신을 안치한 장소인 금수산태양궁전을 남측 대표단이

참배하는 문제)로 얼마나 싸웠느냐"라며 "언젠가는 넘어야 할 관문"이라고 말했다.[5]

김기남의 5초 묵념과 그 시간을 기록한 참배 사진 수십 장은 앞으로 북한이 남한에 대해 '민족 화합'을 위해 어디에선가 묵념을 요구할 수 있는 근거가 될 수도 있다.

김기남의 역할이 가장 분명히 드러난 때가 권력 교체기이다. 1994년의 김일성 사망 당시 김기남의 역할에 대한 한국 언론의 보도는 많지 않다. 다만 ≪세계일보≫는 1994년 7월 22일 자 5면에 실린 "김기남팀 「대중조작」/「김정일시대 개막」 교묘한 연출"이라는 기사를 통해 김기남의 역할이 크다고 주장했다.

당시 이 신문은 김정일의 선전 브레인들이 대중조작술의 극치를 보여주고 있다면서 김기남이 이끄는 당 중앙위 선전선동부에 최정예 선전팀이 존재하는 것 같다고 분석했다. 방송을 통해 전해진 조문 장면에서 김정일은 전체적으로 붉은 카펫과 어두운 배경에서 혼자만 희미한 스포트라이트를 받으며 가운데 서 있는 모습이었는데, 이 때문에 "김정일은 유일무이한 권력 상속자로서 묘한 신비감마저 띨 수 있었다"라고 분석했다. 또한 김일성 사망을 애도하기 위해 만수대 언덕에 몰린 주민들이 갑자기 "김정일에게 대를 이어 충성을 다하자"라고 울부짖는 화면을 반복해 방영함으로써 '감정의 오버랩' 기법이 효과를 발휘하도록 매스미디어를 활용했다고 보았다. 김일성 사망이라는 정치적 위기에서 "슬픔을 힘과 용기로 바꾸자"라

---

5 "55년간의 상처… 5초 묵념으로…", ≪동아일보≫, 2005년 8월 15일 자.

는 구호를 탄생시킨 '북한의 괴벨스' 김기남이 앞으로 북한 권력 구조에서
입지가 크게 강화될 것이라던 당시 ≪세계일보≫의 분석은 20년이 지난
지금까지도 주효한 것으로 보인다.[6]

5. 노동신문 주필 김기남과 '본사 정치보도반'

1967년 5월 4일에서 8일까지 비밀리에 개최된 당중앙위 제4기 제15차 전
원회의에서 최후까지 남았던 종파인 갑산파가 숙청되면서 북한에는 '김일
성 유일사상 체계'가 확립된다. 이때부터 북한에서 김일성 사진은 소수의
전담 사진가만 촬영해 배포한다. 북한 '1호 사진'의 틀이 고정되기 시작한
것이 바로 이 시점이다. 그러다 1970년대에 들어서면서 아예 조선중앙통
신사가 독점으로 촬영한다. 1976년 12월 24일 자에 실린 사진까지는 이
방식이지만 1976년 12월 26일 자부터는 '본사 정치보도반'이 촬영한 것으
로 표기되어 있다.

- 1976년 12월 24일 자: '평양 12월 23일발 조선중앙통신'이라는 크레디트와
  함께 김일성이 중국공산당 당일군 참관단과 촬영한 기념사진이 실린다.
- 1976년 12월 26일 자: '본사 정치보도반'이라는 크레디트와 함께 예멘아랍

---

6 "김기남팀 「대중조작」/「김정일시대 개막」 교묘한 연출", ≪세계일보≫, 1994년 7월 22
   일 자, 5면.

김일성 사망과 김정일 사망은 17년의 간격이 있지만, 신문은 변화가 없다(왼쪽: 《노동신문》, 1994년 7월 21일 자; 오른쪽: 《노동신문》, 2011년 12월 30일 자).

공화국 정부 대표단의 평양 도착을 환영하는 김일성의 사진이 실린다.

　김기남이 《노동신문》 주필이 된 것은 1976년이라는 것이 북한의 공식 문헌상에서 확인된다. 그 후 김기남은 10년간 《노동신문》을 변화시킨다. 특히 주목할 만한 것이 김일성 사진의 촬영 주체와 촬영 배경이다. 김기남이 《노동신문》 주필이 된 시점에 김일성 사진의 촬영 주체와 촬영 배경이 큰 변화를 겪는다.

　'본사 정치보도반'은 김일성, 김정일, 김정은으로 이어지는 북한 최고 권력자의 정치 일정을 전담하는 취재팀이다. 이들이 취재한 기사와 사진은 《노동신문》뿐만 아니라 북한의 각종 신문과 통신에 그대로 게재된

배경 없이 기념사진을 촬영한 마지막 날(《노동신문》, 1976년 12월 4일 자).

김기남이 《노동신문》 주필이 된 이후 기념사진의 배경으로 산수화가 등장했다(《노동신문》, 1977년 2월 15일 자).

다. 이들이 만드는 기사와 사진은 당일 저녁 조선중앙텔레비전 뉴스에서도 100퍼센트 다시 활용된다. 김기남이 ≪노동신문≫ 주필이 된 시점과 일치한다.

1977년 1월 26일 자 김일성의 기념사진 뒤에는 대형 산수화가 보인다. 이전까지는 흰 벽면 앞에서 외빈이나 참석자들과 함께 기념사진을 찍었지만, 이때부터는 배경인 산수화 앞에서 촬영한 사진이 배포된다.

6. 김정일의 '구호 나무'도 김기남의 작품

사진은 현실의 복사인가, 아니면 재현인가? 무엇이 있었던지가 중요하지 않고, 무엇을 보여주는지가 중요하다. 현재 권력의 필요에 따라 현실이 재현되어 국민들에게 보일 가능성은 항상 존재한다. 김정은이라는 새로운 리더의 카리스마를 만들기 위해 북한의 국가 역량이 총동원되리라는 것은 의심의 여지가 없다. 여기서 주목해야 할 것이 김기남이다. 김기남의 노회함과 김정은의 젊은 에너지는 북한의 새로운 이미지를 생산해내어 세계로 퍼뜨리고 있다.

그리고 그러한 목적을 이루기 위해 국가 역량이 집중된다. 2011년 12월에 김정일이 사망했을 때, 영결식 날 영구차를 잡고 평양 시내를 걸었던 사람 여덟 명 중에 당시 선전선동부장이었던 김기남이 포함되어 있다. 북한이 밝히기를 김기남은 1929년생이니까 우리 나이로 이미 여든이 넘었다. 김기남은 1994년의 김일성 사망 당시에 김정일을 지도자로 띄우는 팀을 주도했던 것으로 알려졌고, 우상화를 수십 년간 진두지휘해온 인물이다. 김기남이 김정일 사망 후 영구차를 잡았던 여덟 명에 포함되었다는 것은 김정은 시대에도 김기남식 우상화 작업이 계속될 것임을 의미한다.

≪동아일보≫는 2010년 10월 2일 자 기사를 통해 '우상화 전문' 김기남이 세습을 총연출하고 있다고 보도했다.

이번 김정은 얼굴 공개에 이르기까지 3대 세습을 위해 장기간에 걸쳐 치밀하게 전개된 이미지 선전은 김기남 당 선전 담당 비서 겸 선전선동부장(84)의 작품으로 보인다. 선전선동부는 5월에 최익규 부장이 물러난 뒤부터 김 비서가 부장을 겸직하고 있다.

김 비서는 김일성 주석 사망 이후 김정일과 김일성을 일체화하는 선전 작업을 맡았던 인물로 북한의 체제 선전 및 역사 조작의 대가로 꼽는다. 김일성종합대와 만경대혁명학원을 나온 김 부자의 최측근 엘리트인 그는 40세 때인 1966년 당 선전선동부 부부장을 맡은 이후 평생을 김씨 부자 우상화와 홍보 활동에 몸담았다. 그가 5월 비서와 부장 자리를 모두 차지한 것은 김정은 우상화라는 김 위원장의 특명에 따른 것으로 풀이된다.

조민 통일연구원 선임연구위원은 "김기남 비서는 선전선동부장이던 1987년 유명한 구호 나무 신화를 조작해낸 인물로 김씨 부자 우상화를 위해 북한 역사를 왜곡한 장본인"이라고 설명했다. 북한은 1987년 5월에 백두산 밀림 지역을 시작으로 현재까지 황해도 구월산에 이르는 지역에서 '구호 나무'가 발견됐다고 선전하고 있다. 이 나무에는 김일성과 부인 김정숙의 항일 활동, 김정일의 출생을 축하하는 구호가 적혀 있다는 게 북한의 주장이다.[7]

김기남 정치국 위원은 ≪노동신문≫ 책임 주필 등을 거쳤고, 선전의 '귀재'로 알려졌다. 김기남은 특히 김정일 위원장의 후계자 시절부터 김정일 체제 강화를 위한 우상화와 선전을 전담해온 이력을 갖고 있다. 김기남이 2010년 5월에 선전비서와 선전선동부장 자리를 모두 차지한 것은 김정일 우상화에 이어 김정은 우상화라는 생애 두 번째 과제를 맡았다는 것을 의미한다.

김기남의 위상을 이해하기 위해서는 김기남이 어떤 삶을 걸어왔는지를 아는 것이 매우 중요하다.

북한은 2010년 9월 28일에 44년 만에 개최된 당대표자회에서 선출된 정치국의 상무위원 4명, 위원 11명, 후보위원 15명의 프로필을 비교적 상세히 공개했다.

이날 대외적으로 공개된 김기남의 프로필은 다음과 같다.

- 김기남: 1929년 8월 28일 함경남도 금야군 출생(81). 대학 졸업 후 경제 전문가 자격. 김일성종합대학 교원, 김일성종합대학 학부장, 당중앙위 부부장, ≪노동신문≫ 책임 주필, 당 제1부부장, 당 부장, 당비서 역임. 현재 당비서 겸 선전선동부장(2010년 5월 이후)

북한 뉴스를 전문으로 다루는 인터넷 뉴스 사이트인 ≪데일리NK≫는 2009년 8월 20일 김대중 전前 대통령의 장례에 참석한 김기남 단장에 대해

---

7 "노동당 요직엔 누가", ≪동아일보≫, 2010년 10월 2일 자, A4면.

좀 더 상세하게 설명했다. 다음은 김태홍 기자의 기사에 나오는 내용이다.

김기남은 1926년 강원도 원산에서 태어나 올해 83살이다. 그는 김일성 시대
부터 체계적으로 교육받는 실무형 간부로, 당 선전 분야에서 오랫동안 일해
왔다. 특히 김정일에 대한 충성심이 강하고 특별한 과오가 없어, 지금까지
한 번도 '혁명화'를 겪지 않은 것으로 유명하다.

만경대혁명학원과 김일성종합대학을 졸업하고 모스크바 국제 대학을 유
학하는 등 정통 엘리트 코스를 밟아왔다. 1952년 외무성에 들어가 참사로
활동했고, 주중 대리 대사, 외무성 의례(의전)국장을 거쳤으며, 1961년 8월
중앙당 과학교육부 부부장으로 임명되어 외교 일꾼에서 선전 일꾼으로 변신
했다.

1966년 중앙당 선전선동부 부부장을 시작으로 근로자사(직업동맹 기관
지) 주필, 노동신문 책임 주필, 조선기자동맹 위원장, 중앙당 선전선동부장
을 거쳐 1992년 12월 당 선전비서로 승진하는 등 선전 분야에서만 40년 이
상 종사했다.[8]

7. 김기남이 할 수 있는 이미지 메이킹

김정은은 정말 김일성을 따라 하고 있을까? 김정은은 김일성 이미지+김

---

8 "北 조문단 대표 김기남 비서는 누구?", ≪데일리NK≫, 2009년 8월 20일 자.

정일 이미지＋김정은 이미지를 복합적으로 개발 중이다. 그리고 개발과 기획 단계에 김기남이 있다. 김기남은 김정은 이미지의 코디네이터인 셈이다.

장거리 로켓을 발사하고 핵실험을 감행한 데 대해 국제사회가 제재를 결의하고 비판의 목소리를 높이자 나이 서른의 지도자는 전쟁을 불사한다는 강경한 태도를 보이고 있다. 김정은은 백령도와 연평도를 마주한 전방 부대를 돌아다니며 망원경과 총을 나눠주는 이벤트를 열고 있다. 앞에서도 설명했듯이 그 이벤트는 아버지인 김정일이 개발했는데, 군부대를 방문해 자동소총과 금박으로 장식된 망원경을 선물로 주고는 부대원 전체와 기념사진을 찍는다. 아마 적을 잘 감시하고 침입자에 대해서는 발사하라는 역할을 부여하려는 의도일 것이다. 위장막 아래 임시로 설치된 지휘소에서 김정은은 화염을 쏟아내는 방사포와 전차 부대의 훈련을 바라보며 지휘봉을 휘두른다. 담배를 피우고, 직접 망원경을 들어 적의 동태를 살피고 권총으로 사격 자세를 취해본다. 그러면서도 웃음을 잃지 않는다. 사진 속 김정은은 이미 전쟁을 치르는 사령관의 모습이다.

북한 인민의 입장에서 이 상황을 보면 어떨까?

신문과 방송에서는 온통 한국과 미국 정부의 공격 징후들을 보도하고, 인민반을 통해서는 전시 행동 요령에 대한 지침이 내려온다. 때때로 적의 공습을 알리는 경고 사이렌이 울린다. 여기까지야 정부에서 거짓말을 할 수도 있는 것이다. 그런데 거짓말이 아닌 것이 있다. 1년 전 갑자기 최고 사령관에 오른 젊은 지도자는 나무배를 타는 위험을 감행하면서 백령도 앞바다 섬의 부대를 찾아 전쟁을 지휘하고 있다는 소식이 들린다. 소문만

서해 백령도 앞 월내도 방어대를 시찰하고 돌아가는 김정은은 낡은 나무배를 택했다(≪노동신문≫, 2013년 3월 12일 자).

이 아니라 "직접 내 눈으로 확인했다", "사진과 TV 화면을 통해서 보았다"라는 말까지 나오는 것을 보면 북한 주민들로서는 "진짜 전쟁이 시작되었나 보다"라고 생각할 수밖에 없다.

　김정은을 후계자로 부상하게 하는 과정부터 시작해 '지도자 김정은' 이미지를 만드는 과정을 보면, 정교하게 연출된 것임을 알 수 있다.

8. 김정은의 초상화도 작업 중일까?

김정은의 얼굴이 공개되기도 전인 2010년 8월 15일, 대북 단파 라디오방송인 '열린북한방송'은 북한에서 김정은의 초상 휘장(배지)이 김정은의 초상화와 함께 제작되었다고 주장했다. 이 방송은 '북한 고위급 소식통'을 인용해 김정은 초상 휘장과 김정은 초상화가 2010년 4월 말에 상부의 지시로 북한 만수대창작사 1호 창작실에서 제작되었다면서 이르면 이번 당대표자회 때 일부 고위 간부에게 김정은 초상 휘장을 선물로 나누어줄 가능성도 있다고 전했다. 또한 소식통은 김정일 초상화가 김일성이 죽기 오래전부터 배포된 데 반해, 김정일 초상 휘장은 사용하지 않다가 김일성이 사망한 후에 배포했다고 덧붙이며 김정일 초상 휘장은 주로 간부들이 김일성 초상 휘장과 함께 착용하고, 북한의 일반 주민들은 보통 김일성 초상 휘장을 단다고 말했다.[9]

김정은의 초상화……. 만약 이 보도가 사실이라면 1983년 또는 1982년 1월 8일생인 김정은의 한국 나이 28세 또는 29세에 초상화가 만들어진 것이다. 과연 북한은 20대 젊은 지도자의 초상화를 벌써 만들고 있을까? 김정은의 할아버지와 아버지의 초상화가 제작된 과정을 살펴보면 이 질문에 대한 답에 어느 정도 접근할 수 있을 것이다.

북한 신문은 1912년생인 김일성 주석의 한국 나이 57세였던 1968년 1

---

9 "김정일 사망 대비하나? 김정은 배지(초상휘장) 제작 완료", 열린북한방송, 2010년 8월 15일 자.

월 1일에 김일성의 초상화를 처음 게재했다. 이 초상화는 정면을 응시하고 있으며, 김정일의 지시로 만수대창작사 소속 작가들이 그린 것으로 알려졌다. 이 시점 이후 김일성은 공식적인 행사 사진 외에는 초상화의 형태로 신문에 게재된다. 58세였던 1969년 초상화를 다시 제작하는데, 이번에는 정면보다 약간 오른쪽 얼굴을 보여준다. 근엄한 얼굴의 이 초상화는 김일성이 1994년 83세로 사망할 때까지 약 25년간 변하지 않고 사용되었다. 58세 때 제작된 초상화가 죽을 때까지 사용된 것이다. 1994년 7월 9일 자 ≪노동신문≫에 마지막으로 근엄한 얼굴의 초상화가 사용되었다.

김일성의 새 초상화는 사망 후 7월 19일 영결식에 맞추어 공훈예술가 윤형섭과 이석남이 그렸고, 1994년 8월 8일 자 신문 1면에 컬러로 게재되었다. 그리고 한 달 후인 9월 8일 자 신문 1면에 옷과 넥타이, 얼굴 피부 등을 좀 더 손 본 최종 영정 사진이 게재된다. 이 초상화는 김일성 초상화의 버전version 3.0에 해당하며, '태양상'으로 불린다. 안경을 쓴 모습이며 흰머리도 묘사했다. 무엇보다 환하게 웃는 모습이 이전의 초상화와 다르다. 김일성의 태양상을 그린 사람이 1949년 11월 8일생이며, 1989년에서 1999년 9월까지 만수대창작사 조선화 창작단의 2·16 공훈창작사 실장과 2000년 1월 조선미술가동맹 중앙위원회 위원장을 지낸 김성민의 작품이라는 설도 있다.

김정일의 초상화는 1997년 10월 9일 자 북한 신문에 처음 등장한다. 아버지에 대한 3년 상이 끝난 후 당 총비서로 추대된다는 공식 선언이 있었던 다음 날이었다. 이 시점은 김일성 사망 3주기가 지났다는 정치적 의미뿐만 아니라, 1941년생 또는 1942년생으로 알려진 김정일의 나이가 환갑

만수대창작사를 방문, 김일성을 소재로 다룬 작품을 살펴보는 김정은(≪노동신문≫, 2013년 5월 13일 자).

을 향해 가던 56세 또는 57세 무렵이라는 의미 또한 갖고 있다. 최고 지도자의 사진 대신 젊은 시절의 초상화를 싣는 것은 얼굴에 나타난 건강 상태를 대내외적으로 알리지 않으려는 노력으로 해석될 수 있다.

김정일의 초상화 역시 인민복을 입고 근엄하게 정면을 응시하는 형식이었는데, 사후에 태양상이 제작된다. 김정일의 태양상은 김정일 사망을 알리는 2011년 12월 20일 자 부고 기사에 처음 등장한다. 김일성 사망 때와 달리 김정일의 경우 부고 기사를 내는 시점에 '태양상'을 공개했다. 김

조선인민군 제156군부대를 현지 시찰하는 김정은. 태양상과는 달리 근엄한 표정과 군복 차림의 초상화가 보인다(《노동신문》, 2012년 2월 8일 자).

정일의 태양상 역시 안경을 낀 채 환하게 웃는 모습이다. 전문가들은 김정일의 태양상은 2011년 1월에 이집트의 통신 회사인 오라스콤 회장을 접견할 때의 모습을 토대로 제작된 것으로 추정했다.

북한이 김일성과 김정일의 초상화를 처음 제작한 것은 나이가 50대 중반을 넘어 젊음이 사라진 시기라는 공통점이 있다. 또한 사망 후 웃는 모습으로 기억되게 하기 위한 영정 작업을 했다는 점도 같다. 이에 비해 김정은의 나이는 아직 30대 초반에 지나지 않는다. 굳이 김정은을 그림의 형식으로 보여줄 필요가 없다. 김정은은 젊은 피부를 가지고 있으며 웃을 수 있기 때문이다.

9. 신문 1면에 악보가 등장하는 나라

북한이 정전협정을 백지화하고 한반도에서 전쟁 분위기를 한층 높여가던 2013년 3월 13일. ≪노동신문≫ 1면 전체에 악보가 실렸다. 「운명도 미래도 맡긴 분」이라는 신곡의 악보이다. 전 세계에 이런 신문이 어디 있을까 싶다. 북한 ≪노동신문≫에는 김정은 등장 후인 2012년 1월 1일 자 1면에 「조선의 힘」 악보가 전면에 게재된 이후 한 달에 한 번 정도 악보가 게재되고 있다. 김정일 시대에도 ≪노동신문≫ 한 개 면의 20퍼센트 정도 크기로 악보가 실린 경우(1998년 1월 24일)가 있지만, 김정은 시대에는 그 빈도도 잦아지고 있다. 중국의 경우에도 공산당 기관지인 ≪인민일보≫ 1967년 1월 13일 자 6면에 전체 지면의 10퍼센트 크기로 실린 「만세 마오쩌둥 주석」이라는 노래의 악보 등이 실린 흔적이 발견된다. 하지만 북한처럼 빈번하지 않았다.

　김정은 시대의 경우 악보는 주로 ≪노동신문≫ 1면에 실리며, 1면 전체가 기사나 사진 없이 악보로 채워지는 경우도 많다. 2012년에는 다음과 같이 실렸다.

신문 1면 전면에 악보가 실린
다(≪노동신문≫, 2013년 3
월 13일 자).

- 1월 1일 1면=「조선의 힘」

- 1월 16일 1면=「장군님은 태양으로 영생하신다」

- 1월 27일 2면=「그리움은 끝이 없네」

- 2월 13일 1면=「흰 눈 덮인 고향 집」

- 4월 29일 1면=「한마음 따르렵니다」

- 6월 9일 1면=「인민이 사랑하는 우리 령도자」

- 6월 26일 1면=「최후의 승리를 위하여 앞으로」

- 8월 25일 1면=「높이 날려라 우리의 당기」

- 8월 26일 3면=「불타는 소원」
- 9월 21일 3면=「철령에 동이 튼다」
- 12월 2일 2면=「김정일 장군의 노래」

1월 1일 자 1면에 「조선의 힘」 악보가 실리면서 북한이 매년 정책 방향으로 제시하던 신년 공동 사설이 뒷면에 실리는 이변이 벌어지기도 했다. 신년 공동 사설보다 중요한 악보. 왜 이런 일이 벌어질까?

우리는 자신의 중요한 신념에 반하는 메시지를 접하면, 될 수 있는 한 그 자리에서 반론을 생각해내는 경향이 있다. 이러한 저항 과정은 선전가가 불순한 목적을 달성하지 못하도록 막아주는 역할을 하는데, 특히 주장의 논거가 약해 쉽게 반론할 수 있을 때 더욱 그러하다. 그러나 사람들이 설득 메시지에 대해 반론을 제기하는 성향이 있다는 것을 아는 설득 전문가들은 이러한 저항을 극복하는 방안을 강구해왔다. 광고계에는 오래된 격언이 있는데, 바로 "만일 주장할 만한 것이 없으면 차라리 노래를 하라"라는 것이다. 이는 상황과 무관한 노래나 사진 등을 이용해 가볍게 주의를 분산하는 조치를 취함으로써 반론할 기회를 없애고, 설득 메시지의 효과를 증대할 수 있다는 것이다. 따라서 논거가 약하거나 청중의 반론이 두렵다면, "차라리 노래하라"라는 격언을 따를 수도 있다. 광고인들은 (그리고 우리에게 영향력을 미치는 기타 집단들도) 정보를 처리하고 반론하는 과정에서 우리의 주의를 분산하기 위해 다양한 전술을 사용하고 있다. 이러한 주의 분산 전술을 적절하게 운영할 수 있다면, 논거가 약하거나 동의할 수 없는 논점이 포함된 경우, 즉 사람들이 일반적인 성향에 따라 메시지에 대해 논쟁하고 싶은 생각이 드는 경우에는 설득 효과를 증대할 수 있다. 결국 생각 없이 생겨나는 프로파간다는 더 많아지는 반면에 사려 깊은 설득은 줄어들게 된다.[10]

북한에서 음악은 중요한 통치 수단인 것이다.

10. 김정은 사진 테크닉의 변화

사진 속 김정은은 이제 확실히 북한의 중심인물central figure이 되었다. 사진 속 김정은의 위치가 그것을 말해준다. 구소련과 중국에서는 이런 관행이 많지 않은데, 유독 북한에서는 주인공이 화면의 한가운데에 위치한다. 이것은 김일성 시대보다는 김정일 시대에 유행하는 특징인데, 김정은 시대에도 그대로 이어지고 있다. 김정은은 아버지 때와 마찬가지로 지면의 가운데에 있는 ≪노동신문≫ 제호의 '동'과 '신' 중간에 위치한다. 하지만 김정은 시대의 1호 사진은 기술 측면에서 몇 가지 변화가 있다. 아버지 김정일보다 젊다는 점을 적극적으로 활용하기 때문이기도 하고, 시각적으로 시선을 끌려는 방법으로서 일어난 변화이기도 하다.

우선 김정은의 얼굴을 클로즈업한다는 점이다. 외국 기자들의 카메라뿐만 아니라 북한 내부의 카메라도 김정은의 얼굴을 클로즈업해서 보여주

---

10 안토니 R. 프랫카니스·엘리엇 아론슨, 『프로파간다 시대의 설득 전략』, 윤선길 외 옮김(커뮤니케이션북스, 2005), 193~197쪽.

클로즈업하면서 뒷배경을 흐리게 처리하는 사진은 김정은 시대에 비로소 나타나기 시작했다(≪노동신문≫, 2013년 10월 21일 자).

기 시작했다. 건강 상태를 숨길 것도 없는 데다 활달한 표정 연출을 할 수 있기 때문이다.

둘째, 김정은의 사진은 이제는 컬러사진으로 게재하는 것이 관례로 되어가고 있다. 최고 지도자의 사진을 컬러로 싣고자 하는 욕망은 김일성 시대에 김정일의 지침을 통해서도 발표된 적이 있었지만, 지켜지지 않았다. 당시 김정일은 아버지 김일성의 사진을 신문에 실을 때는 반드시 컬러사진으로 정중하게 게재하라고 지시했다. 하지만 이 교시는 김정일의 사망 때까지 철저하게 지켜지지 못했다.

그런데 김정은이 아버지 김정일의 유훈을 이행하고 있다. 2013년 7월

26일 자 전승 60돌 경축 행사 사진 이후 김정은의 사진은 ≪노동신문≫에서 컬러사진으로만 실린다. 2015년 9월 현재, 김정은을 제외한 다른 정치인의 사진은 흑백으로 게재되는 것이 원칙이다.

김일성과 김정일의 사진도 흑백 시절에 촬영된 것들까지 컬러로 채색해 게재할 정도로 컬러사진은 권력의 상징으로 인식되고 있다.

셋째, 김정은을 부각하는 앵글을 적극적으로 활용한다. 수십, 수백 명과 함께 찍은 기념사진에서 주인공인 김일성과 김정일은 화면 한가운데에 있지만, 크기는 다른 사람들과 똑같았다. 하지만 김정은은 주인공인 본인만 몸이 크게 보이는 경우도 많다. 표준 렌즈 대신에 망원렌즈나 광각 렌즈를 이용해 주인공을 부각하는 촬영법을 적용하고 있다. 평등주의를 형식적으로나마 강조하는 북한에서는 좀처럼 사용하지 않던 촬영법이다. 누군가를 잘 보이게 하면 다른 누군가는 잘 안 보이거나 아예 화면에서 사라져야 하기 때문이다. 게다가 주인공 외의 인물들을 흐리게 처리하는 아웃포커스 기법도 자주 사용되고 있다.

김정일 시대까지만 해도 사진 속 등장인물의 얼굴은 모두 식별할 수 있었다. 그러나 김정은 시대에 들어오면서 김정은이 대회 참가자들과 기념사진을 찍었다는 사실만 증명되고, 함께 사진을 찍은 사람들의 얼굴이 제대로 보이지 않는 경우가 늘어나고 있다.

제5장

김정일 건강 이상설 이후
이미지 전략

북한은 2008년 가을에 김정일의 건강에 이상 징후가 나타난 이후 급격한 변화를 겪었다. 그리고 2010년에 김정일의 3남 김정은이 전격적으로 등장했다. 그렇다면 현재 북한의 '1호 사진'은 김정일의 건강 이상설 이전과 같을까 다를까?

1. 1호 사진의 역사

북한에서 김일성과 김정일 사진에 대한 공식적인 표현은 '영상', '영상 사진', '수령의 영상이 모셔진 사진' 등이다. 그런데 탈북자들의 증언에 따르면 일반 사람들은 이런 사진을 '1호 사진'이라고 부른다. 최고 지도자의 전용 열차를 '1호 열차'로 부르거나 전용 도로를 '1호 도로'라고 부르는 것과 같은 맥락이다. 1967년에 김일성 유일사상 체계의 확립과 더불어 1호 사진의 형식과 내용은 일정한 틀을 갖게 되었고, 김정일의 경우 그 틀을 거의 벗어나지 않았다.[1]

한국 정부 역시 2008년 이후 '1호 사진'이라는 표현을 사용하고 있다. 김호년 통일부 대변인은 2008년 11월 3일의 브리핑을 통해 "북한 당국에서 발표한 '1호 사진'에 대해 제가 합성 여부를 말하는 것은 적합하지 않다"라며 "국가가 공식 매체를 통해 공식적으로 발표한 사진은 그대로 믿어주는 것이 관례"라고 밝혔다.

북한이 환상적이거나 몽환적인 분위기의 사진 또는 히틀러 등의 독재자들이 사용했다는 이미지 메이킹 방법을 통해 김일성 부자의 모습을 부각할 것이라는 선입관과 달리 북한은 이성에 호소하는 방식도 함께 사용하는 것으로 파악된다. 집단 정체성을 강조하기 위해 단독 사진보다는 단체 사진을 많이 게재하며, 사진의 초점이 주인공에게만 맞는 것이 아니라 화면 전체가 분명하게 보이는 사진이 주류를 이룬다. 필자는 북한 ≪노동

---

1 변영욱, 『김정일.jpg: 이미지의 독점』(한울, 2008).

신문≫에 실리는 사진 중에서 '1호 사진'을 연구해왔다. 1957년부터 2005년까지 50년간의 ≪노동신문≫을 2년씩 격차를 두어 선택해, 그렇게 선택된 25년 중 각각의 1월분 신문 31일 치를 선정해 자료를 분석했다. 그리고 2008년의 김정일 건강 이상설 이후 ≪노동신문≫에 게재된 사진 전체를 분석해오고 있다. 그 결과 북한의 '1호 사진'에는 다음과 같은 기본적인 특징이 있다는 것을 알 수 있었다.

첫째, 북한 신문에 실리는 김일성 사진은 1967년을 기점으로 이전과 비교해 차이를 보인다. 사진의 크기가 커지고 게재 빈도도 늘어난다. 누가 찍었는지에 대한 정보가 사라지고, 중앙에서 촬영한 사진을 하부 단위 매체로 내려보내는 방식으로 변한다. 즉, 1967년 이후 '1호 사진'에 대한 통제가 강화되는 것이다.

둘째, '1호 사진'은 기록적인 목적보다는 찬미적인 목적이 강하다. 사진을 통해 '위대한 영도자와 지도자' 느낌을 효과적으로 전달하기 위해 노력한다. 엄숙하고 경건한 태도에 어울리는 대칭 구도의 사진을 촬영해 지도자를 화면 한가운데에 두며, 사진이 아닌 초상화를 활용하기도 한다.

셋째, '1호 사진'의 형식이 정립되는 데는 김정일의 역할이 크다. 김정일은 1967년 조선노동당 중앙위원회 제4기 제15차 전원회의를 계기로 급부상해, 유일사상 체제를 강화하기 위해 선전 선동 부문을 장악하기 시작했으며, 이 과정에서 김일성 사진의 형식과 내용에 대한 기초가 마련된다. 김일성 사진의 형태는 김정일 시대까지 그대로 이어지고 있다.

넷째, '1호 사진'은 현실 세계를 그대로 보여준다는 느낌을 전달하기 위해 롱 숏, 눈높이 앵글, 표준 렌즈 등을 주로 사용한다.

김정일(왼쪽)과 김일성의 키가 거의 비슷하게 표현되어 있다(≪노동신문≫, 2013년 10월 10일 자).

다섯째, 북한은 1967년 이후 현재까지 반복적으로 정치 지도자의 모습을 인민들에게 보여주어 왔고, 그 과정에서 위대성이 계속 강조되어왔다. 40년이 넘는 시간을 꾸준히 또는 강도를 더해가며 추진되어온 이러한 선전의 효과는 강할 것으로 추정된다. 김일성과 김정일에 대한 숭배는 인민들에게 이미 내면화되었을 가능성이 아주 크다.

여섯째, 김정일 시대 '1호 사진'은 김일성 시대와 약간의 차이가 있다. 지면에서 차지하는 비중은 더욱 커졌지만, 예전보다 구도와 연출 정도, 취급 방법 등에서 자연스러움을 찾아가는 방향으로 조금씩 변하고 있다.

북한은 2008년 가을에 김정일의 건강에 이상 징후가 나타난 이후 급격한 변화를 겪었다. 그리고 2010년에 김정일의 3남 김정은이 전격적으로 등장했다.

그렇다면 현재 북한의 '1호 사진'은 김정일의 건강 이상설이 나오기 이전과 같을까 다를까? 이번 장은 이러한 질문에 대한 필자 나름의 답을 정리한 것이다.

2. 탈북자가 증언하는 1호 사진

2012년 11월 26일, 미국의 자유아시아방송Radio Free Asia: RFA은 복수의 북한 소식통을 인용해 북한이 같은 해 7월에 숙청당한 이영호 전前 인민군 총참모장이 찍힌 '1호 사진'을 모두 거두어들이고 있다고 보도했다. 중국에 나온 한 북한 주민은 "중앙에서 그를 반당·반혁명분자로 낙인찍었다는 소문은 지난 8월부터 돌기 시작했다"라면서 "인민군대 산하 당위원회에서 제일 먼저 이영호 사진을 걷기 시작했다"라고 밝혔다. 그리고 "평안북도 염주군 8군단 산하 한 군관도 집에 붙어 있던 1호 사진을 정치부에 갖다 바쳤는데 아직 받았다는 말이 없다"라면서 이영호 사진을 수거하는 작업은 군대뿐만 아니라 민간인을 대상으로도 진행되는 것으로 파악된다고 덧붙였다. 북한은 1969년에 김창봉 민족보위상과 허봉학 총정치국장을 숙청한 다음, 그들이 나온 '1호 사진'에 까만 먹칠을 해서 다시 배포한 전례가 있다.[2] 2010년에 화폐개혁이 실패한 책임을 지고 숙청된 박남기 전前 노동당 계획재정부장도 북한에서 배포하는 모든 사진과 영상에서 편집되어 사라졌다.[3]

2013년 12월에 숙청된 장성택 역시 곧바로 자료 화면에서 얼굴이 사라졌다.

대북 인권 단체인 '좋은벗들'은 2009년 12월 8일 자로 발행한 소식지에서 같은 해 9월과 10월 사이에 ≪노동신문≫ 최칠남 책임 주필이 직위 해제되었다고 보도했는데, 1호 사진을 잘못 게재한 책임을 추궁당했고 그 자리에는 김기룡 조선중앙통신사 사장이 임명되었다고 소식통을 인용했다.[4] 북한이 1호 사진을 얼마나 중요하게 취급하는지를 보여주는 사례라고 할 수 있다.

한국에서 활동하는 대북 민간 방송인 열린북한방송은 2009년 10월 28

---

2 "북, 리영호 찍은 '1호 사진' 대거 수거", 자유아시아방송, 2012년 11월 26일 자.

3 "'北당국, 리영호 찍힌 '1호 사진' 회수'", 연합뉴스, 2012년 11월 27일 자.

4 "3대 언론사 사장 해임 또는 직위 변동", ≪오늘의 북한소식≫, 312호(2009).

2013년 10월 7일 방영(장성택 삭제 전 영상)   2013년 12월 7일 방영(장성택 삭제 영상)/영상 대체

2013년 10월 7일 방영(장성택 삭제 전 영상)   2013년 12월 7일 방영(장성택 삭제 영상)/자르기 및 확대

2013년 10월 7일 방영(장성택 삭제 전 영상)   2013년 12월 7일 방영(장성택 삭제 영상)/자르기 및 확대

2013년 12월 7일, 조선중앙텔레비전은 숙청된 장성택 북한 국방위원회 부위원장의 모습을 삭제한 기록영화를 내보냈다. 같은 해 10월 7일 방송분과 차이가 난다(통일부 제공).

일에 인터넷에 올린 "김정일 사진 찍을 때 지켜야 할 원칙은?"이라는 기사에서 "1호 사진을 전문적으로 찍는 사람들은 중앙당 역사연구소와 조선기록영화촬영소의 1호 사진팀이라고" 소식통을 인용해 주장했다. 또한 탈북자 A 씨(男, 38세, 평양 출신)의 말을 빌려 ≪노동신문≫의 경우 김정일의 1

호 사진 촬영을 '정치특별보도반'이라는 보도반이 담당한다고 보도했다.[5]

'정치특별보도반'은 ≪노동신문≫에 있는 '본사 정치보도반'이라는 전담 팀을 잘못 기록한 것으로 보인다. 다만 여러 가지 보도와 분석을 종합해보 면 북한에서 최고 정치 지도자의 사진을 전문팀이 촬영하고 관리하는 것 은 분명해 보인다.

김정일의 경호원이었던 탈북자 이영국 씨의 수기(『나는 김정일 경호원이 었다』)를 보면 김정일이 지방을 시찰할 때 '5호 문헌실'이 김정일을 촬영하 고 기록 영화를 창작해서 중앙당 선전부에 넘기는 일을 한다고 설명되어 있다.[6]

3. 건강 이상설 이후 오히려 밝아진 김정일 사진

건강 이상으로 한동안 칩거했던 김 위원장이 다시 모습을 드러낸 이후 북 한 1호 사진에는 미묘한 변화가 나타났다.

우선 김정일의 얼굴이 환해졌다. 이전보다 훨씬 밝고 깨끗해졌다.

2008년 12월 25일, 크리스마스를 맞아 북한 조선중앙통신사는 김정일 국방위원장의 사진 두 장을 공개했다. 평안남도 남포시에 있는 천리마제 강연합기업소를 시찰하는 모습, 그리고 근로자들과 함께 찍은 기념사진

---

5   "김정일 사진 찍을 때 지켜야 할 원칙은?", 열린북한방송, 2009년 10월 28일 자.
6   같은 글.

등 두 장이다. 이날 공개된 사진에서 특이한 점은 기념사진을 촬영하면서 특별한 조명 장치를 이용했다는 점이다. 김 위원장 주변 등장인물들의 오른쪽과 왼쪽에 생긴 그림자를 보면 스튜디오 조명이 두 개 이상 사용된 것을 알 수 있다. 김 위원장의 기념사진을 촬영하면서 일반 플래시가 아닌 스튜디오용 조명을 사용하는 것은 아주 이례적이었다. 김 위원장은 예전에 예술 공연단 또는 외국 대사관 직원들과 기념사진을 촬영하면서 스튜디오 조명을 사용한 경우는 몇 번 있었다. 하지만 평양 시내의 건물에서 촬영하는 기념사진이 아니라 현지 지도를 나간 지방의 건물에서 영화용 조명을 설치하고 촬영했다는 점에서 특이하다.

그 이후에도 김 위원장의 사진에는 영화 촬영용 조명의 흔적이 계속 나타난다. 2009년 1월 7일의 사진을 보면 그림자의 위치가 카메라와 수평이 아니다. 카메라의 오른쪽에서 강한 빛이 오는 것이다. 이것은 카메라에 있는 플래시가 아니라 따로 설치된 조명이 있다는 것이다. 1월 17일 자 사진에서는 과자 공장 여직원의 손가락 그림자가 손 아래에 있다. 조명이 천장에 있는 것이다. 영화 조명이 아니고서는 어려운 조명 설치라고 할 수 있다. 1월 18일 자 사진을 보면 환하게 웃는 김정일의 선글라스에 캐치 라이트catch light 두 개가 보인다. 캐치 라이트는 눈동자 또는 안경 등에 빛의 반사가 나타나게 하는 것을 말한다. 태양이나 플래시를 이용해 촬영한다면 빛의 수가 하나이므로 캐치 라이트 역시 하나만 생기거나 생기지 않는다. 캐치 라이트 두 개가 생겼다는 것은 조명을 두 개 이상 사용해 촬영했다는 것을 의미하며, 이처럼 조명을 설치한 촬영은 사진 스튜디오나 영화 촬영 현장에서 흔히 볼 수 있다. 더구나 실내가 아닌 야외에서 촬영하면서 영화

김정일의 선글라스에 대형 조
명에서 나오는 빛이 반사되어
보인다(《노동신문》, 2009년
1월 18일 자).

용 조명을 사용한다는 것은 북한이 김 위원장의 얼굴에 신경을 많이 쓰기
시작했다는 것을 의미한다. 실제로 건강 이상설 이후 김 위원장의 얼굴이
밝아졌다. 1월 16일에 껌 공장을 방문한 김 위원장의 얼굴색은 김 위원장
의 옆에서 설명하는, 화장한 여성의 얼굴색과 비슷하게 밝다. 환갑을 훨씬
넘긴 남자가, 게다가 현지 지도 등 야외 활동을 지속적으로 해온 김 위원
장의 얼굴색이 그 정도의 밝기를 유지하기란 쉽지 않다. 조명을 사용하면
피사체를 좀 더 화려하게 보이게 하는 효과가 있다. 물론 김정일이 건강
이상설 이후 얼굴에 메이크업을 했을 가능성도 존재한다.

그러나 조명으로 화려하게 얼굴을 표현했지만, 건강 상태가 완전히 가
려지지는 않았다. 군부대 기념사진 촬영이 간소화되었다는 점에서 김정일
의 건강 상태를 짐작할 수 있었다. 그전까지 군부대 시찰 집체 사진에는
김 위원장의 오른쪽과 바로 뒤에 선 병사가 각각 쌍안경과 은빛 소총을 들
고 있었지만, 2008년 8월 11일 이후에 공개된 사진에서는 총과 쌍안경이
사라진 것이다. 건강이 나빠진 김 위원장이 무리하면서까지 무거운 총을
선물로 전달하는 의식을 생략했을 가능성이 크다.

4. 키 높이 구두는 김정일의 자존심

키가 크지 않은 김 위원장은 젊은 시절부터 키 높이 구두를 신었다. 김 위원장의 트레이드마크였다. 2007년 10월의 제2차 남북 정상회담을 비롯해서 외부 세계의 인사들과 접촉할 때마다 김 위원장이 키 높이 구두를 신은 사실이 카메라에 포착되었다. 2001년에 러시아의 블라디미르 푸틴Vladimir Putin 대통령과 가진 정상회담, 중국의 장쩌민江澤民 국가주석과 가진 회담 등 각국 지도자를 만날 때마다 키 높이 구두를 신었다. 김 위원장은 평소 검은색과 갈색 키 높이 구두를 번갈아 신었다.

그렇지만 건강 이상 이후 김 위원장의 키 높이 구두는 사라졌다. 아예 딱딱한 굽도 사라졌다. 건강 이상 이후 처음으로 공개된 김 위원장의 사진에서 김 위원장은 굽이 거의 없고 앞부분이 둥근 단화 모양의 구두platform shoes를 신었다.

이후 김 위원장의 신발은 굽 대신 고무 밑창을 단 스니커즈로 바뀌었다. 더욱 편한 기능성 신발을 신기 시작한 것이다. 북한이 제2차 핵실험 하루 전인 2009년 5월 24일에 공개한 사진에서 김 위원장은 이전보다 훨씬 날렵해 보이는 구두형 스니커즈를 신었다. 이 스니커즈는 프랑스 캐주얼 브랜드 '라코스테'가 생산한 것이다. 신발의 윗부분에는 흰색 실로 상표가 새겨져 있으며, 신발 목둘레에도 흰색 선이 둘려 있다. 이 모델은 현재 국내에서는 판매되지 않으며 인터넷을 통해 구매하면 약 110달러이다. 유튜브에 'Lacoste Shua S WM SKU #7595515'라는 제목으로 올라온 홍보 동영상에는 김 위원장이 신은 스니커즈가 남성용이 아닌 여성용으로 분류

건강 이상설이 나온 이후로
김정일은 '라코스테' 스니커즈
신발을 신었다(라코스테 홈페
이지).

되어 있어 눈길을 끈다. 운동화도 신었다. 6월 14일에 공개된 군부대 시찰
사진에서 김 위원장은 신발의 앞쪽까지 고무 밑창이 올라온 신발을 신었
다. 수행한 간부들의 구두가 반짝이는 것에 비해 광택이 전혀 없는 이 신
발은 운동화에 가까운 형태이다.

이는 뇌혈관 계통에 이상이 있는 것으로 알려진 김 위원장이 걸음이 불
편해지자 한결 걷기 편한 운동화로 바꾸어 신은 것으로 풀이된다. 예전 사
진보다 키가 작아 보이는 단점이 있기는 하지만, 불편한 몸에 무리가 덜
가게 하려는 고육지책이었을 것이다. 2009년 8월에 미국의 빌 클린턴Bill
Clinton 전前 대통령을 만나고 2009년 10월에 중국의 원자바오溫家寶 총리를
만나면서는 키 높이 구두를 신지 않았다.

그후 김정일은 더는 키 높이 구두를 신지 못했을까? 사망하기 7개월 전
인 2011년 5월 13일, 양어장을 현지 지도하면서 김정일은 다시 한 번 키
높이 구두를 신는다. 그리고 3개월 후인 8월, 러시아를 방문한 김정일은
울란우데Ulan-Ude 시내를 둘러보면서 키 높이 구두를 신는다. 이때를 마지
막으로 다시는 키 높이 구두를 신지 못한다.

러시아를 방문한 김정일이 키 높이 구두를 다시 신은 모습이다. 생전 마지막으로 키 높이 구두를 신은 날이다(≪노동신문≫, 2011년 8월 31일 자).

5. 아픈 모습의 김정일, 베일을 벗고 나타나다

2008년 8월 15일 자 북한 신문에 군부대를 방문한 모습이 실린 후 두 달에 가까운 시간에 걸쳐 김정일의 모습이 보이지 않았다. 건강 이상설의 시작이었다. 김정일의 건강 상태가 심각해진 후 북한 ≪노동신문≫은 고민에 빠진다. 체제의 중심인 최고 지도자의 건재를 증명해야 하는데, 최고 지도자는 병상에 누워 있는 위기 상황이 발생한 것이다. 북한은 안간힘을 쓰며 김정일의 존재를 증명하려 했다.

김 위원장의 얼굴이 신문과 방송에서 사라진 동안 북한 ≪노동신문≫은 다양한 방법으로 김정일의 동정을 보도했다. 8월 18일부터 열흘간은 ≪노동신문≫ 1면 윗부분에 라오스·이집트·에콰도르의 신문과 통신사들이 김 위원장의 동정을 보도했다고 간접 인용 보도했다. 8월 말부터 보름 동안은 백두산에 있는 김 위원장의 친필 비석과 철령(김정일이 넘었다는 고개) 사진을 비롯한 김 위원장 개인의 상징물들, 그리고 김일성종합대학과 조선혁명박물관 등 북한식 사회주의의 성과물 사진을 싣기도 했다. 8월 16일과 17일, 9월 8일과 9일에는 한동안 북한 신문에서 사라졌던 김일성 주석의 동상과 자료 사진이 등장하기도 했다.

마지막 등장 이후 57일 만인 2008년 10월 11일 자 ≪노동신문≫ 1면에 김 위원장의 얼굴이 다시 등장했다. 북한의 독자와 인민들의 입장에서 보면 이 사진은 전혀 이상할 것이 없는 평범한 사진이었다. 전체 지면의 2분의 1 이상을 차지할 정도의 큰 크기로 실린 사진 두 장은 기존의 사진과 큰 차이가 없다. 하지만 이 사진은 건강 이상설 이전에 촬영된 사진일 가

김정일과 바깥의 녹색 나뭇잎이 잘 보이게 사진을 찍는 바람에 나머지 인물들이 검게 보인다(≪노동신문≫, 2008년 11월 2일 자).

능성이 아주 컸다. 조선중앙통신사를 통해 해상도가 높은 컬러사진을 본 서울의 언론을 비롯한 외국 언론들은 촬영 시점에 대한 의혹을 제기했다. 10월 한반도의 날씨에 비해 숲과 풀의 색깔이 지나치게 초록빛이라는 점을 지적했다. 그러자 북한 언론은 11월 2일, 김 위원장이 축구 경기를 관람하는 사진 세 장을 내보냈다. 이 사진들의 가장 큰 특징은 사진의 배경에 가을 단풍이 잘 보인다는 점이다. "가을에 김정일이 살아 있다"라는 메시지를 보내고자 했던 것이다.

이 사진들에 대해 서울의 언론들은 또한 부자연스러워 보이는 김 위원장의 왼팔을 지적하며 "팔에 마비가 있는 것 같다"라는 의혹을 제기했다. 그러자 북한은 11월 5일에 "왼팔도 멀쩡하다"라는 것을 증명하겠다는 듯 손뼉 치는 사진을 TV 화면을 통해 공개했다.

김정일 사진은 2008년 11월 5일에 분기점을 맞는다. 미국 대통령 선거가 한창 진행 중이던 오전 8시경 북한 조선중앙통신사는 김정일 위원장이 군부대 두 곳의 장병들과 찍은 단체 사진 두 장을 공개했다. 건강 이상설 이후 처음으로 나온 단체 사진이며, 등장인물은 각각 190명과 124명이다. 축구 경기를 관람한 사진에 이어 3일 만이다. 이 사진은 곧바로 미국을 비롯한 전 세계로 전송되었다. 이날 공개한 군부대 시찰 기념사진 두 장이 기존 사진과 다른 점은 사진의 크기가 크다는 것이다. 각각 2513킬로바이트와 1986킬로바이트였다. 그동안 조선중앙통신사가 전송한 '1호 사진'은 200~400킬로바이트 크기의 JPEG 형식 파일이었으며, 1000킬로바이트가 넘는 경우는 없었다. 이는 포토샵 프로그램으로 사진을 저장하면서 압축 정도를 낮추어, 사진을 확대해도 해상도가 변하지 않게 했다는 뜻이다. "조작인지 아닌지 크게 확대해서 보라"라는 북한식 자신감의 표현이라고 볼 수 있는 대목이다. BBC 등에서는 이 사진들이 대표적인 조작 사진이라고 보도했지만, 근거는 미약했다. 북한은 비로소 "김정일이 살아 있다"라는 사실을 사진으로 증명했다. 하지만 그 이후의 사진에서 김정일의 건강에 문제가 있다는 사실은 쉽게 숨겨지지 않았다.

6. 조작된 사진의 등장

북한의 《노동신문》 사진에서 조작된 사진을 찾아내는 작업은 쉽지 않다. 특히 김일성과 김정일의 사진인 '1호 사진'을 조작하는 경우는 거의 없다. 만약 조작 사실을 외부 관찰자가 확인할 경우 담당자들이 감당해야 할 책임이 너무 무겁기 때문이 아닐까 추측한다. 그 방법보다는 사전에 계산된 방식으로 연출하고 철저한 검열을 거친 후 매체에 게재함으로써 책임을 분산한다. 연출은 하되 조작은 하지 않는 것이 관행이었던 것이다. 하지만 말년의 김정일 사진은 조작되는 경우가 있었다. 2009년 6월 15일 자 《노동신문》 1면에 실린 '보병 7사단 지휘부' 기념사진은 두 달 전인 4월 27일 자에 실렸던 제851군부대 지휘부 기념사진과 같은 사진이다. 김 위원장을 비롯한 등장인물 수백 명의 배치와 포즈, 시선이 모두 일치한다. 최소한 2008년 1월부터 현재까지 북한 언론이 '사단'이라는 단위 표시를 하지 않아왔다는 점과 두 부대 모두 한국전쟁 당시 공화국 영웅 24명을 배출했다는 기사가 있는 것으로 보아 두 부대가 같은 부대일 가능성도 존재한다. 하지만 두 사진은 맨 앞줄 인물들의 위치와 간격만 바뀌었을 뿐 똑같은 사진이다. 포토샵 등 사진 편집 프로그램을 이용해 해상도(선명도)를 조정해서 다른 사진처럼 보이게 하려고 노력했지만, 평소에 재활용해 사용하던 계단형 연단에 보이던 가로줄 전체를 사라지게 하는 실수를 했다. 몇몇 측근 틈이 아니라 군중 속에 존재하는 김 위원장을 확인시키기 위해 《노동신문》이 사진을 조작한 것이다.

　김 위원장이 주인공이 아닌 집체 사진도 등장했다. 지난 2009년 2월 28

한국의 정보기관이 조작 사실을 밝혀낸 사진들이다. 위 사진과 아래 사진은 첫 줄을 제외하고 똑같다(위: ≪노동신문≫, 2009년 6월 15일 자; 아래: ≪노동신문≫, 2009년 4월 27일 자).

일 자 ≪노동신문≫ 1면에는 제4차 전국선동원대회 참가자들이 금수산태양궁전 광장에서 김일성의 대형 초상화를 배경으로 촬영한 기념사진이 실렸다. 맨 앞줄에는 참가자 60여 명이 서 있고, 각각의 줄에 계단형 연단 16개가 이어진 대규모 기념사진이다. 맨 앞줄 한가운데에는 김영남 최고인민회의 상임위원회 위원장이 앉아 있다. 1면에는 김 위원장 외의 정치인이 거의 등장하지 않는 북한 신문의 관행에 비추어볼 때, 김 위원장 외의 정치인이 주인공인 집체 사진이 등장한 것은 아주 예외적인 경우라 할 수 있다. 이 사진이 북한의 명목상 지도자인 김영남의 권력이 김 위원장의 수준으로 올라갔다는 것을 의미하지는 않을 것이다. 앞으로 닥칠지 모르는 김 위원장의 부재에 대한 사전 포석이었을 가능성이 크다.

7. 김정은 등장 직전 북한 보도

2010년 9월, 북한이 3대 세습에 착수한 가운데 ≪노동신문≫에서는 권력 세습을 정당화하려는 사진을 내보냈다. 9월 13일 자 ≪노동신문≫ 1면에 실린 사진은 조선중앙통신사를 통해 외국으로도 전송되었다. "최첨단 돌파전을 힘 있게 벌리고 있는 만포운화공장을 현지 지도"하는 장면을 촬영한 사진에는 특이한 구호판이 보인다. 기념사진을 찍고 있는 김 위원장 뒤쪽 건물 외벽에 "조선은 결심하면 한다"라는 구호판이 설치되어 있었다. 통상적으로 북한의 구호판은 "건설하자", "사수하자", "~을 높이자", "~가 되자" 등으로 "~하자"의 성격이다. 북한 내부 구성원을 향한 채찍질의 성격인데, 이날 구호판은 외부 세계를 염두에 둔 메시지로 보인다.

9월 12일 자 신문에는 "현대화의 모범 광산인 3월 5일 청년 광산을 현지 지도"했다며 김 위원장의 사진을 보여주는데, "우리나라 사회주의 제도 만세"라는 구호판이 등장한다.

9월 11일 자 신문도 예사롭지 않다. 1면에 김치냉장고 같은 커다란 기계 사진이 등장한다. '련화기계' 그룹에서 만든 기계라는데, 기계 옆에는

기계공장을 현지 시찰하는 김정은. CNC는 김정은의 등장과 함께 보편화한 영어이다(≪노동신문≫, 2013년 6월 17일 자).

"선군 조선을 CNC 강국으로"라는 구호가 적힌 포스터가 서 있다. 김정일의 선군 정치에서 현대화로 나가자는 의미로 해석된다. 'CNC Computerized Numerical Control'는 기계공학 분야의 용어로 컴퓨터에 의한 수치제어를 말한다. 즉, 마이크로컴퓨터를 내장한 수치제어 Numerical Control: NC 장치이다. 외국어를 잘 안 쓰는 북한에서 김정일의 건강 이상설 이후 예외적으로 허용하는 외국어로서, 김정은의 상징처럼 통한다. CNC라는 표현은 한국에서도 흔히 목격된다. 서울 영등포역 부근에 있는 철공소들의 간판에는 이

서울 영등포역 근처 철공소 간판에서 CNC는 흔하다(《동아일보》).

표현이 많이 있다. 첨단 기술이라고 하기에는 이미 보편화한 기술이라고
할 수 있다. 참고로 종북 논란에 휩싸인 이석기 전前 통합진보당 의원이
운영하는 홍보 대행사의 이름도 CNC였다.

　김정일이 혁명을 위해 여러 번 넘었다는 철령 고개 사진(8월 24일 자, 9
월 5일 자)과 평양 시내 주체탑 사진(9월 1일 자), 1987년 10월에 촬영된 김
일성·김정일 부자의 자료 사진(9월 9일 자)을 중요한 지면에 삽입한 것 역
시 권력 세습을 정당화하려는 의도로 보인다.

　8월 21일 자 2면 '정론'에는 김일성 동지의 '후손'이라는 표현도 등장했

다. 할아버지와 아버지의 이미지에 기대는 한편으로 과학기술 전문가의 이미지를 별도로 구축하면서 김정은 체제의 서막을 예고했던 것이다.

8. "김정일이 아프다", 중국에는 다 보여준 북한

조명을 사용하고 엄청난 수의 사진을 배포함으로써 김정일의 건재함을 강조하던 북한은 2009년 1월, 외부 세계에 승부수를 던진다. 김정일 국방위원장은 1월 23일 왕자루이王家瑞 중국공산당 대외연락부장을 만나 함께 사진을 찍음으로써 건재함을 외부 세계에 알렸다. 2008년 8월, 뇌혈관 질환으로 쓰러졌다는 와병설이 처음 제기된 이후 첫 번째 공식 외빈 면담이었다. 북한은 와병설 이후 간헐적으로 김 위원장의 동정 사진을 공개했다. 외부의 의심을 불식하기 위해 북한은 믿을 만한 우방인 중국 외교관을 평양으로 초청하는 대담한 결정을 한 것이다.

왕자루이를 면담하는 사진 속 김 위원장은 혈색이 밝은 데다 머리에는 수술 흔적이 없었다. 손으로 서류를 주고받는 모습도 보였다. 사진 조작설이나 대역설은 더는 거론하기 어렵게 되었다. 한국·미국·프랑스의 정보기관이 김 위원장의 와병설 초기에 증세를 지나치게 확대해서 해석한 것이 아니냐는 지적이 일리가 있다는 분석도 나왔다. 하지만 이날 북한이 공개한 사진에는 김 위원장이 중병을 앓은 것은 아닐지라도 건강에 문제가 있다는 것이 확연히 드러난다. 왕자루이를 실내에서 만남으로써 김 위원장은 여태껏 입던 사진 속의 두꺼운 외투와 장갑을 벗었다. 오른손보다 좀

건강 이상설 이후 다수의 인원과 함께 사진에 등장한 김정일. 아무도 수첩을 들고 있지 않다는 점에서 급하게 연출된 사진으로 판단된다(≪노동신문≫, 2008년 11월 2일 자).

더 부은 왼손과 홀쭉해진 복부, 항상 신던 키 높이 구두 대신 신은 낮은 신발은 지난해 10월 이전 사진 속 김 위원장의 모습과는 차이가 있었다.

일거수일투족을 감시하듯 사진을 살펴온 외부 관찰자들은 동영상을 공개하거나 외국 손님과 면담하기 전까지는 김정일의 건재를 확인하기 어렵다는 의견을 계속 밝혔다. 북한 역시 실시간으로 외부 세계의 의심을 인터넷을 통해 접했을 것이다. 그래서 북한이 그나마 믿을 수 있는 중국을 향해, 김정일의 건강 상태에 관한 상당한 양의 정보를 제공한 것이다. 말년의 김정일은 중국에 대한 기대와 신뢰를 버리지 않았다. 병환 중에도 세 번씩이나 중국을 방문해 후진타오胡錦濤 주석을 만났다. 혈맹인 중국에 김정일의 건강 상태에 대한 솔직한 정보를 줌으로써 중국의 대북 정책 수립에 참고 자료를 준 셈이다. 게다가 조선중앙통신사가 아니라 상대적으로 신뢰성이 있는 중국 신화통신사의 사진 보도 형식을 취함으로써 김정일이 아프기는 하지만 살아 있다는 것을 한국과 미국 등 외부에 분명하게 보여준 것이다.

그러나 북한이 김정일의 상태를 중국에 보여주던 그 시점에 한국 정보 당국은 김정일의 뇌 사진을 인터넷 메일의 해킹을 통해서 확보함으로써, 김정일이 3년 정도밖에 생존할 수 없을 것이라는 의학적 결론을 내렸다. ≪월간조선≫ 2008년 12월호는 특종기사를 통해 "평양의 김정일 주치의들이 프랑스의 의료진에게 이메일로 보낸 '뇌 사진', 즉 CT(컴퓨터단층촬영)와 MRI(자기공명 단층촬영) 사진 등을 중간에서 낚아챈 것으로 추정된다"라고 밝혔다.[7]

북한 역시 이 시점부터 후계 체제를 빠른 속도로 준비하기 시작했을 것이다.

---

7 "한국 정보당국 金正日 뇌 사진 확보, 뇌졸중 확인", ≪월간조선≫, 2008년 12월호.

9. 김경희에게 우산을 빌려주다

북한에서 공식적인 권력은 어김없이 사진으로 실체를 드러낸다. 그렇지만 김정일 건강 이상설 직후인 2009년 봄, 북한의 차기 후계 구도와 관련해 설은 난무했지만, 사진으로는 드러나지 않았다. 그만큼 북한의 보여주기 전략이 철저하게 진행되었기 때문이었다. 김정은은 결국 2010년 10월의 당대표자회를 통해 당 중앙군사위 부위원장에 취임한 후에야 얼굴을 드러 냈다. 그런데 2009년 6월 8일에 조선중앙텔레비전이 김정일의 현지 지도 를 보도하면서 김정일의 여동생이자 장성택의 부인인 김경희 노동당 부장 의 얼굴을 공개했다. 김경희는 1994년 7월의 김일성 주석 장례식에 등장 하고, 2000년의 노동당 창당 열병식과 2003년의 최고인민회의 등에 참석 해 기념사진을 찍은 적이 있지만, 김정일의 현지 지도를 수행했다고 북한 언론 매체가 보도한 것은 이때가 처음이었다. 김정은 후계설이 나온 후 등 장했다는 점에서 주목할 만한 사진이었다. 그렇다면 김경희는 권력의 반 열에 오른 것인가? 1호 사진에 누가 등장하느냐 하는 것은 중요한 의미를 지닌다. 김정일은 1974년부터 후계자로 추대되었지만, 1980년 제6차 당 대회에서 공식 후계자로 선포된 이후 지면에 등장했고, 1994년의 김일성 사망까지 주인공이었던 적이 없었다.

　김정일의 사진에 '곁가지'인 김경희가 등장했다는 것은 김경희가 김정 은 후계 체제에 대한 김정일의 결정에 힘을 실어주는 모양새이면서, 김정 일이 반대급부 또는 보상 차원에서 장성택 당 행정부장 겸 국방위원에게 도 힘을 실어줘 김경희와 장성택의 주가가 높아진다는 의미도 있었다. 김

김정은 전용 우산은 크다. 고모인 김경희에게 우산을 빌려주고 김정은은 비를 맞고 있다(≪노동신문≫, 2012년 4월 26일 자).

정은의 형들, 그리고 장조카인 김한솔의 얼굴이 북한 공식 매체에 등장하지 않는 점과 구별된다.

　김정은은 최소한 고모인 김경희에게는 깍듯하게 대우를 했었던 것으로 보인다. 2012년 4월 26일의 만수교 고기 상점 준공식에서 김정은은 우산을 쓰지 않고 비를 그대로 맞았다. 하지만 그 옆의 김경희는 우산을 썼는데, 김경희가 쓴 우산은 일반적인 우산보다 크기가 컸다. 김정일과 김정은이 쓰던 '1호 우산'을 김경희가 쓴 것이다. 김정은이 다른 현지 지도 행사에서 나이가 많은 간부들이 비를 맞는 동안 자신만 우산을 쓴 장면은 여러 번 공개되었다. 이런 관례와 달리 김정은이 비를 맞으면서도 자신의 우산을 고모인 김경희에게 양보했다는 것은 김일성의 딸이자 김정일의 동생인 김경희를 각별하게 대우한다는 것을 보여준다. 그런데 2013년 12월에 장성택이 처형되고 김경희가 공식 행사에서 사라지면서 권력은 혈육 간에도 결코 나누어 가질 수 없다는 진리가 다시 한 번 확인되었다. 2015년 5월에는 현영철 인민무력부장에 대한 총살 소식과 함께 김경희를 독살했다는 주장도 나왔다. 하지만 김정은이 고모를 우대한 것이 자신이 북한 정치에서 자리를 잡기 전까지라는 조건부 계약이었는지는 아직 정확하게 확인되지 않는다.

10. 김정은이 이어폰을 낀 까닭은

말년의 김정일 국방위원장의 사진에는 예전에 없던 소품이 등장했다. 현장을 안내하는 안내원들의 윗옷에는 작은 마이크가 꽂혀 있으며, 일부 안내원의 손에는 담뱃갑 크기의 마이크 장치가 들려 있기도 하다. 방송 인터뷰에서 흔히 사용하는 무선wireless 마이크이다.

2010년 10월 26일에 김정일과 김정은이 평안남도 회창군에 있는 전前 중국인민지원군 사령부를 함께 둘러보는 사진에서 처음 등장한 마이크 시설은 그 이후 계속 등장했고 20장 정도의 사진을 통해 확인되었다.

김정은과 장성택 등 당 서열이 높은 간부들이 이어폰을 낀 모습도 보였다. 김정일의 귀에는 이어폰이 없었다.

북한 방송이 김정일의 육성을 인민들에게 직접 전달하지 않는 관행에 비추어볼 때 김정일 사망 1년 전부터 등장했던 마이크 시설은 김정일의

김정일과 함께 강서약수가공공장을 방문한 김정은이 왼쪽 귀에 이어폰을 꽂고 있다. 아버지 김정일이 가까운 곳에 있다(≪노동신문≫, 2010년 11월 25일 자).

육성을 잘 녹음하기 위한 장치로는 보기 어렵다. 예전 화면에서 김정일의 몸 근처에 마이크 시설은 보이지 않았다. 김정일이 입을 여는 순간 다들 침묵할 것이므로 굳이 마이크를 입에 가까이 댈 필요가 없었을 것이다.

현지 지도에서 김정일의 목소리가 제대로 들리지 않거나 그렇지 않다면 좀 더 정확하게 들을 필요가 생겼다는 추론을 할 수 있다. 김정일의 건강 상태가 예전 같지 않아 목소리가 낮아졌을 가능성도 있다. 현지 지도에 동행한 김정은 당 중앙군사위원회 부위원장이 김정일에게 전해지는 현지 안내원의 이야기를 정확하게 듣고자 하는 의지가 작용했을 수도 있다.

또한 김정일에 대한 정보를 차단하는 효과도 있을 것으로 보인다. 현지 안내원은 김정일과 불과 몇십 센티미터 떨어진 곳에서 이야기를 할 수 있다. 김정은을 비롯한 당 간부들이 모든 이야기를 듣는 상황에서 안내원들이 불필요한 이야기를 할 가능성은 제로에 가까워진다.

김정일의 이해력이 떨어져 간부들이 순간순간 보충 설명을 해야 할 일이 많아졌을 가능성도 있다.

과거 김일성 시절에 후계자 김정일은 아버지에게 올라가는 모든 서류를 사전에 검열했던 것으로 알려졌다. 김정은은 자신의 아버지 김정일의 귀에 대한 통제권을 갖고 있었다고 할 수 있다.

김정은이 이어폰을 낀 채 아버지 김정일의 뒤를 따라다녔다는 것은 그만큼 김정은이 후계자 승계를 위해 압축적이고 효율적인 방법으로 처리해야 할 정보가 많다는 의미로도 해석된다. 김정은은 김정일과 함께 공장과 군부대 등을 방문해 현지 상황을 파악하지만, 김정일의 걸음 속도만 따라가서는 짧은 시간에 많은 정보를 얻을 수 없다는 한계가 있다. 또한 김정은이 꼭 챙겨야 하는 정보와 김정일이 현지에서 보고 받아야 하는 정보가 다를 수 있다. 즉, 김정은의 입장에서는 청각과 시각을 동시에 가동하면서 북한 곳곳에 대한 정보를 얻어야 하는 초조함이 있었던 것이다.

제6장

김정일이 만든 시각적 전통,
그리고 김정은의 계승

북한 사람들은 역사책에서 보고 배웠던 김일성을 기억한다.
그리고 김일성과 아주 유사한 또 한 명의 지도자, 즉 역사 속
인물과 유사한 인물을 지금 목격하고 있다. 김일성 시대를
기억하는 탈북자들의 이야기를 들어보면, 김정은의 등장에
다들 깜짝 놀랐다고 한다. 김일성이 돌아온 듯한 느낌을
받았다는 것이다.

1. 티저 광고를 활용한 김정은 공식 등장

김정일은 후계자로 결정된 후 6년 동안 얼굴 없이 '당 중앙'으로만 불렸다. 김정일은 1974년 2월 13일의 당중앙위원회 제5기 제8차 전원회의에서 '주체 위업의 위대한 계승자'로 결정됨으로써 후계자가 되었지만, 1980년 제6차 당대회에서 공식 후계자로 선포된 다음 날 북한 ≪노동신문≫을 통해 얼굴을 비로소 처음 드러냈다. 당시 신문의 1면에는 김일성의 얼굴이 크게 실리고 김정일의 모습은 2면에 실린 단체 사진 중에 포함되어 있었다. 김일성의 생존 기간에 김정일의 존재감은 크지 않았다. 김정일은 김일성이 사망한 1994년 7월까지 한 번도 ≪노동신문≫의 1면에 얼굴이 보였던 적이 없었다. 2인자의 모습이었다고 할 수 있다. 게다가 김일성 사망 후에도 3년에 걸친 이른바 유훈 통치 기간에 공식적으로 얼굴을 드러내는 일은 많지 않았다. 그런 점에서 김정은이 북한 정치에 데뷔하자마자 ≪노동신문≫ 1면에 얼굴이 실린 것은 김정은은 등장하면서부터 일정한 권력을 가졌다는 것을 의미한다.

북한은 전략이라고 할 수 있을 만큼 철저한 원칙에 따라 사진을 촬영하며 배포한다.

북한의 사진 전략은 김정은의 얼굴을 처음 외부에 공개하면서도 잘 드러났다.

최고 지도자가 건강에 심각한 문제가 있었고 김정일의 3남 김정은이 후계자가 될 것이라는 소문이 북한 내부와 외부에 광범위하게 퍼지고 있었던 만큼 2010년 9월, 44년 만에 열린 당대표자회는 국제적으로 관심을 끄

맨 앞줄에 앉은 사람 중 왼쪽에서 여덟 번째가 김정은이고 열 번째가 김정일이다. 공식적으로 처음 김정은의 얼굴이 드러난 사진이다(≪노동신문≫, 2010년 9월 30일 자).

는 뉴스였다. 하지만 북한은 외부의 취재를 일절 허용하지 않았다. 심지어 북한에 주재하는 중국 신화통신사 카메라의 접근도 허용하지 않았다.

　김정은의 등장은 마치 티저teaser 광고[1] 같았다. 북한 조선중앙통신사는 9월 27일에 '대장 칭호 부여', 28일에 '당 중앙군사위원회 부위원장 피선' 뉴스를 먼저 흘렸다. 28일 밤에는 김정은과 당대표자회 대표들이 김정일과 사진 촬영을 했다는 사실을 미리 관영 조선중앙통신사로 흘려 관심을 증폭했다. 하지만 김정은의 얼굴은 보여주지 않았다. 당대표자회가 열린

1　티저는 놀려대는 사람, 짓궂게 괴롭히는 사람이라는 뜻이다. 상업 광고를 하면서 처음에는 회사명과 상품명을 밝히지 않고 관심을 유도하면서 일정 시점에 가서 한꺼번에 궁금증을 해소하는 방법을 쓴다.

다음 날인 2010년 9월 29일, 조선중앙텔레비전은 김정일을 찬양하고 1960년대부터 50년간 선군 정치가 이어져 오고 있다는 주제의 뮤직비디오를 계속 틀었다. 오후 5시 뉴스에서는 김정일이 노동당 총비서로 재추대되었다는 소식을 여성 아나운서가 전하고 이어서 김정일 장군의 노래가 나온다. 곧이어 "당중앙위원회 군사위원회 부위원장 김정은"이라는 보도가 나온다. 하지만 이때까지도 김정은의 얼굴은 보여주지 않는다.

그리고 다음 날인 9월 30일 자 ≪노동신문≫ 1면에 금수산태양궁전에서 촬영된 단체 기념사진이 실렸다. 김정은의 얼굴이 드디어 공개되었고 세계 각국은 이 사실을 중요 뉴스로 다루었다. 김정은 입장에서는 성공적인 데뷔였던 셈이다.

2. 김정은의 등장 아무도 몰랐다

말년의 김정일과 김정은이 특별하게 의미를 부여한 군부대가 하나 있다. 2008년 가을에 건강 이상설을 겪은 후 새해를 맞은 김정일이 첫 행선지로 택한 것은 제105탱크 사단이었다. 2009년 1월 3일 자 신문에는 김정일이 부대원들과 찍은 기념사진이 실렸다. 2010년(1월 6일)과 2011년(1월 1일), 2012년(1월 2일)에 신년을 맞아 김정일이 첫 행선지로 택한 것도 제105탱크 사단이었다.

김정은이 북한 매체에 얼굴을 처음으로 드러냈던 장소도 이곳이다.

북한 사람들이 김정은을 공식적으로 처음 본 것은 2010년 가을에 열린 당대표자회였다. 우리도 마찬가지이다. 하지만 2011년 12월에 김정일이 죽고 2012년 1월에 북한 방송이 김정은의 기록영화들을 갑자기 쏟아내기 시작하면서 2010년 이전의 김정은을 볼 수 있게 되었다. 기록영화에 따르면 김정은은 2008년 가을부터 이미 북한의 정치·군사·경제·사회 각 분야에서 활동하고 있었다. 경험이 없다고 치부하던 사람들을 향해서 "실제로는 벌써 몇 년째 북한을 이끌 준비를 하고 있었다"라는 메시지를 던진 것이다.

주목할 만한 점은 김정은은 이미 2010년 1월 6일 자 ≪노동신문≫을 통해 북한 사회에 얼굴을 드러냈었다는 점이다. '근위 서울 유경수 제105탱크 사단'을 방문했을 때 김정은은 아버지 김정일이 보는 가운데 탱크를 직접 몰고 개울과 언덕을 종횡무진으로 지났다. 남한의 도시 이름이 적힌 표적지를 통과하는 모습도 사진으로 공개했다. 필자를 비롯한 북한 관찰자 누구도 그 사실을 당시에는 알지 못했다. 김정은의 얼굴이 워낙 작게 찍힌데다 사진 설명에도 이름이 없었기 때문이다.

이날 사진에서 김정은은 전망대 유리창 너머로 아버지 김정일이 지켜보는 가운데 951호라는 숫자가 붙은 탱크의 앞쪽에서 고개만 내민 채 훈련장을 종횡무진으로 누볐다. 한국의 중앙고속도로를 의미하는 '춘천-부산 374㎞' 푯말과 '김해' 푯말 부근을 지나고, 특히 얼음이 언 강을 건너는 사진이 아홉 장 중 여섯 번 반복된다. 실명도 없고 얼굴도 알아보기 어려울 만큼 작게 찍었지만, 북한이 김정은의 사진을 처음 공개한 것이 탱크 부대라는 점은 주목할 만하다.

제105탱크 사단을 건강 이상설 이후 활동을 재개한 김정일이 첫 행선지

2010년 1월 6일 김정은이 탱크를 몰며 제105탱크 사단 훈련에 참여했고 ≪노동신문≫에도 사진이 실렸지만, 아무도 그를 알아보지 못했다. 얼굴이 클로즈업되지 않았기 때문이었다(조선중앙텔레비전, 2012년 1월 8일 자).

로 선택하고, 김정은이 후계자가 된 후 첫 행선지로 선택한 것은 북한이 특별한 의미를 부여하고 있다는 것이다.

북한은 김정일의 선군 혁명 영도가 1960년 8월 25일의 근위 서울 유경수 제105탱크 사단 방문부터 시작되었다고 선전해왔다. 김정은은 김정일의 선군 정치 유훈을 성실히 따르겠다는 것을 김정일 생전과 사망 후에 공식적으로 보여준 것이다.

3. 김정은이 성형을 했다고?

김정은의 등장 이후 성형설이 아직도 끊이지를 않고 있다. 할아버지 김일성의 모습을 흉내 내기 위해 수술을 받았을 것이라는 추측이다. 수술을 집도한 의사의 증언이나 병원 기록이 공개되기 전까지 성형 문제는 사실로 받아들이기는 어렵다. 과거 김정일의 요리사를 지낸 일본인 후지모토 겐지藤本健二도 "남자가 뭐하러 성형을 하겠느냐. 말도 안 되는 소리"라며 성형설을 일축했다.

북한에서 김일성은 국가의 정체성national identity을 상징한다. 김일성은 사회주의혁명을 주도하고 종파 투쟁을 돌파하면서 그 나름의 경제개발을 이루었던 지도자이다. 북한의 역사는 김일성이 태어난 해를 기준으로 정리된다. 2012년은 김일성이 태어난 지 100주년이 되는 해이며, 주체 역사 101년으로 언급된다. 절묘한 시점에 김정은은 북한의 새로운 지도자로 등장했다.

김정은은 권력을 정당화하고 자신의 정체성을 확립하기 위해서 김일성의 이미지에 주목하고 있다. 김정은은 군부나 인민들과 친근한 관계라는 것을 사진을 통해 증명하려고 한다. 그리고 이 과정에서 김일성의 모습을 그대로 복사한 듯한 화면 연출을 시도하고 있다. 김정은은 아버지 김정일이 입던 회색 인민복 대신에 감색 인민복을 입고, 머리 모양도 할아버지 김일성의 젊은 시절 모습과 유사하게 함으로써 지도자 김일성의 이미지를 갖추려고 노력하고 있다. 특히 뒷짐을 지고 팔자걸음에 가까운 걸음걸이로 걷거나, 주머니에 손을 넣고 있다가 필요할 경우 잠시 밖으로 꺼내어

조선소년단 창립 66주년 기념 대회에 참석한 김정은. 김일성은 어린이들과 이런 사진을 많이 찍었지만, 김정일은 없었다(≪노동신문≫, 2012년 6월 7일 자).

설명한 후 다시 손을 넣는 등 김일성과 아주 유사한 모습을 연출한다.

김정은은 사진을 찍을 때도 할아버지의 위치에 자신을 세웠다. 김정일이 살아 있을 당시 함께 사진을 찍으면서 대부분의 경우 사진 왼쪽, 그러니까 김정일의 오른쪽에 김정은이 서 있던 점도 주목할 만하다. 김정일의 경우 사진의 오른쪽, 그러니까 김일성의 왼쪽에 주로 서 있었다. 결국 김정일을 기준으로 본다면 김정은의 위치는 김일성과 같다. 김정은의 첫 등장 기념사진부터 시작해 각종 행사에서 김정은의 위치는 화면 왼쪽이었다. 사회주의국가에서는 화면 왼쪽을 통상 상석上席으로 간주한다. 외교 관례에서도 사진 촬영 때 손님이 화면 왼쪽에 나오도록 배치하는 경우가 많다.

북한 사람들은 역사책에서 보고 배웠던 김일성을 기억한다. 그리고 김일성과 아주 유사한 또 한 명의 지도자, 즉 역사 속 인물과 유사한 인물을 지금 목격하고 있다. 김일성 시대를 기억하는 탈북자들의 이야기를 들어보면, 김정은의 등장에 다들 깜짝 놀랐다고 한다. 김일성이 돌아온 듯한 느낌을 받았다는 것이다.

베르너 크뢰베르-릴Werner Kroeber-Riel의 저서 『영상 커뮤니케이션: 광고의 이미지 전략』에 따르면, 영상과 텍스트로 구성된 광고를 소비자에게 보여줄 때 영상이 훨씬 빨리 인식된다. 영상이 머릿속에서 빨리 처리되는 이유는 스키마schema 인지 과정 때문이다. 스키마란 기존 경험을 통해 가진 '생각의 덩어리'를 말하는데, 가령 요리사 모자를 그린 그림은 그림 속의 사람이 전문 요리사라는 것을 설명한다. 스키마가 일치되는 영상은 매우 빠르게 인식된다. 김정은이 북한의 아이콘이라고 할 수 있는 할아버지 김일성의 모습을 따라 하는 것은 수용자인 인민들에게 빨리 인정받기 위해서라는 가정을 할 수 있다.

김정일은 후계 체제를 수립하는 기간이 충분해 자신의 조직 체계를 먼저 수립했지만, 김정은은 후계 체제를 준비하는 기간이 상대적으로 짧아 이미지 구축 사업을 통해 정당성을 확보하려고 했다. 김정일은 1974년 2월에 후계자로 내정된 이후, 1980년 제6차 당대회에서 후계자로 공인될 때까지 약 6년간 조직지도부를 통해 후계자 중심의 조직 체계를 완성했다. 김정일은 당 조직지도부를 통해 당·정·군의 모든 간부에 대한 인사권과 검열권, 보고권까지 후계자 중심으로 확립했고, 모든 기구를 후계자 중심으로 재편했다. 그러나 김정은의 경우, 후계자 중심의 조직 체계를 구축하기보다는 후계자의 정통성을 '만경대·백두산 혈통'에 두었다. 혈통 본위에 기반을 둔 김정은의 인격적 리더십은 2010년 9월의 제3차 당대표자회 이후에는 '김일성 주석 따라 하기'로 훨씬 더 강화되었다.

이승열 박사는 제3차 당대표자회에 나타난 김정은의 모습이 김일성 주석의 젊은 시절 모습을 그대로 모방한 것이라고 주장했다. "체중뿐만 아니라 헤어스타일 그리고 인민복, 파격적인 스킨십 등 모든 부분에서 김일성을 그대로 모방"했다면서 그 이유를 "인민들의 김일성에 대한 정서를 자극할 뿐 아니라 김정은의 어린 나이와 경험 부족의 약점을 보충"하기 위해서라고 보았다.[2]

김정은은 김일성의 복장과 머리 모양, 팔자걸음, 인민과의 신체 접촉, 대중 연설 등을 따라 했고, 김정일이 구축해놓았던 단체 기념사진에 총과 망원경을 등장시키며, 사인을 통해 존재를 드러내는 방법을 계승했다.

---

2 이승열, 「북한정권의 본질과 대외협상 목표: 고립의 심화인가, 변화의 시작인가?」, 제2차 대북정책 심포지엄 "최근 북한 정세와 변화 전망: 고립의 심화인가?" 자료집(2012), 41쪽.

4. 김정일 따라 하기

김정일이 건강 이상설을 겪은 후부터 김정일의 사진에는 세 가지 변화가 나타났다. 웃음과 신체 접촉, 양의 증가였다. 첫째, 웃음. 김정일은 건강 이상설 이후 이전보다 훨씬 밝은 표정으로 사진에 찍혔고 사진의 조명도 밝은 톤으로 바뀌었다.

둘째, 신체 접촉. 기념사진을 찍으면서 옆에 있는 인민이나 군인들이 김정일의 팔짱을 끼기 시작했다. 건강 이상설 이전에 김정일이 외국 사람이 아닌 북한 사람들과 악수하거나 포옹하는 등 신체 접촉을 한 경우는 거의 보이지 않았다. 1995년 2월 8일에 꽃다발을 주는 병사와 찍은 사진이 신체 접촉을 보여주는 유일한 사진이었다. 하지만 건강 이상설 이후 기념사진을 찍으면서 인민이나 군인들이 김정일의 팔짱을 끼는 사진이 나오기 시작한다. 마치 병상에서 일어난 늙은 부모를 부축하는 듯한 이미지이다.

셋째, 양의 증가. 김정일이 건강 이상설을 겪은 이후 ≪노동신문≫에는 엄청난 양의 김정일 사진이 게재된다. 아무 일도 없었다는 것을 보여주려고 하는 듯 현지 지도의 일거수일투족이 모두 게재된다. 신문에서 다른 소식들은 사라지고 김정일의 사진이 신문 전체를 차지하는 경우도 생긴다.

김정은은 말년의 김정일 시대에 나타난 세 가지 변화인 웃음, 신체 접촉, 양의 증가를 그대로 계승한다. 또한 김정일 시대의 일반적인 시각 문화도 그대로 계승한다. 대표적인 것이 김정은의 직접적인 응시이다. 김정은은 기념사진을 통해 독자를 바로 보고 있다. 일반적인 광고에 등장하는 모델이 수용자의 눈을 직접 응시하는 자세를 취하는 것은 시선을 끌기 위한 관행적인 기법이다.

(정치인이) 카메라를 향하는 것이 보다 직접적으로 텔레비전 시청자의 흥미와 관심을 얻으려는 목적도 실현시켜주지만, 동시에 신뢰를 얻기 위한 시도가 되기도 한다. 또한 시청자의 눈을 정면으로 바라봄으로써 이 정치가는 아무것도 감출 것이 없는 공명정대한 사람으로 보일 수도 있기 때문이다. 눈을 응시하는 이 측면에 대한 고전적인 사례로서 1960년도에 있었던 미국 대통령 후보 토론회에 섰던 케네디John F. Kennedy를 들 수 있다. 이 사례는 예상치 못한 결과 때문에 시각 커뮤니케이션을 연구하는 학자들의 지속적인 관심의 대상이 되어왔다. 다시 말해 라디오를 통해 토론을 청취한 사람들은 닉슨Richard Nixon을 승자로 생각했지만, 텔레비전 시청자들의 눈에는 케네디가 승리한 것으로 인지되었던 것이다. 이 결과를 놓고 볼 때 텔레비전 이미지의 어떤 측면이 시청자의 판단에 중요한 영향력을 끼쳤음이 분명했다. 분석에 따르면 케네디의 외모가 차별성을 만들었다는 것이다. 당시 병을 앓았던 닉슨과 비교하여 케네디는 보다 젊어 보였고, 보다 활동적이었으며, 본 관점에서 가장 중요한 대목인 카메라를 직접적으로 응시하는 시간이 훨씬 길었다.[3]

이 기법의 대표적인 사례가 "국가는 당신을 원한다"라고 말하는 엉클샘Uncle Sam 모병 캠페인 포스터이다.

---

3   폴 메사리스, 『설득 이미지』, 강태완 옮김(커뮤니케이션북스, 2004), 58쪽.

분류	김정일 모델	김정은 모델	연속성 여부
지도 체제	유일 체제	유일 체제	연속
제공처	일원화	일원화	연속
공개 속도	천천히	빠름	불연속
외신 취재 허용 여부	비공개	부분적 공개	불연속
가운데 선 준수	준수	준수	연속
초점	깊다	얕은 경우 다수 발견	불연속
인민과의 신체 접촉	없음	활발	불연속
사진 크기	크다	크다	연속

직접적인 응시를 통해 김정일은 수용자의 공간에 직접 들어오는 듯한 착각의 효과를 거두어왔고, 이러한 방식은 김정은 시대에도 그대로 이어지고 있다.

〈표 5-1〉은 김정일 시대와 김정은 시대 사진에서 어떤 점이 계승되고 어떤 점이 차이가 있는지를 정리한 것이다.

5. 백마 탄 김정은

2012년 11월 20일 자 ≪노동신문≫ 1면에서 김정은은 말을 탄 채 심각한 표정으로 어딘가를 응시한다. 그 옆으로 측근 서너 명이 함께 말을 타고 있다. 제534군부대 직속 기마 중대 훈련장에 대해 현지 시찰을 하는 장면이다. 21세기의 젊은 지도자가 19세기에나 있었을 법한 기마 장면을 인민들에게 보여주고 있다. 김정은이 말을 탄 장면은 이때 처음 등장한 것이

말을 타고 달리는 김정은의 모습은 '의사 사실'이다(≪노동신문≫, 2012년 11월 20일 자).

아니다.

2012년 1월 8일에 북한이 공개한 첫 기록영화에서 김정은은 백마를 타고 등장한다.

김정은이 백마를 탄 모습을 연출한 것은 무엇을 의미하는 것일까?

우선 광고 제작자들이 주목도를 높이기 위해 사용하는 '3B 원칙'에서 그 이유를 찾을 수 있을 것 같다. 시선을 끌기 위해 광고 제작자들이 사용하는 3요소가 미인Beauty, 어린이Baby, 동물Beast이다. 김정은의 최근 사진은 이 원리를 잘 이용하고 있다. 만경대혁명학원을 찾은 김정은은 어린이들의 얼굴을 만진다. 김정은의 사진에서 여성과 어린이들의 얼굴이 자주 등장하는 것은 우연이 아니다. 이설주와 마찬가지로 백마 역시 시선을 끄는 요소이다.

둘째, 백마 탄 김정은의 이미지는 혁명을 하던 시대에 대한 향수를 일으키려는 시도라고 할 수 있다. 의사 사실factoid이라는 신조어를 만들어낸 소설가 노먼 메일러Norman Mailer는 이것을 "잡지나 신문에 보도되기 전에는 존재하지 않는 사실"로 정의했다. 증거에 의해 입증되지 않는 사실의 주장으로도 정의된다.[4] 백마 탄 김정은은 신문과 방송에 보도됨으로써 비로소 존재하는 사실이 된다. 실제로는 김정은이 군복을 입고 백마를 탈 일은 없는 것이다.

미국의 역사학자인 대니얼 부어스틴Daniel J. Boorstin은 "대중매체가 발전하면서 이제 실제 사건보다 대중매체에 보도되어야 하는 사건이 더 중요한 시대가 되었다"라고 주장했다.[5] 이것을 단적으로 보여주는 것을 부어스틴은 가짜 사건pseudo-event(의사 사건)이라고 말한다. 가짜 사건이란 항상 새로운 기사를 실어야 하는 언론이 만들어내는 사건이다. 그런데 이러한 가짜 사건은 진짜 사건보다 더욱 잘 정리되어 있고, 진짜 사건보다 더 잘 전달될 수 있다. 미리 충분히 구성하고 기획할 수 있기 때문이다. 따라서 가짜 사건은 진짜보다 더 설득력이 있어 보이고 진짜보다 더 진짜처럼 보인다. 김정은은 백마를 타고 인민복을 입은 모습을 연출함으로써 자신도 '혁명 세력'이라는 것을 증명하고자 하는 것이다.

김일성이 만주 벌판에서 백마를 타고 항일 운동을 했다는 것을 증명하는 사진은 없다. 다만 김정일의 경우 1963년 4월에 촬영되었다는 사진에

---

4 안토니 R. 프랫카니스·엘리엇 아론슨, 『프로파간다 시대의 설득 전략』, 윤선길 외 옮김(커뮤니케이션북스, 2005), 108쪽.
5 다니엘 부어스틴, 『이미지와 환상』, 정태철 옮김(사계절, 2004).

서 말을 타고 있다. 이 사진은 김정일 사후인 2010년 12월 21일 자 ≪노동신문≫ 3면에 실린 과거 사진 여덟 장 중 하나이다.

백마 탄 김정은을 보여주면서 북한은 주인공의 목소리는 없이 음악과 영상 이미지만을 가지고 혁명 시대에 대한 향수를 자극하는 이야기를 만들고자 한다. 이미지 정치의 전형적인 방식이다.

6. 양복 입은 김정은

유명인의 옷차림은 자신의 정체성을 표현하는 것이기도 하고, 사람들에게 보내는 메시지이기도 하다.

미국 ≪뉴욕 타임스The New York Times≫는 2011년 3월 5일 자 기사에서 스티브 잡스Steve Jobs가 간편한 복장을 하는 배경에는 자신보다는 애플과 애플의 제품이 사람들의 관심을 더 많이 받게 하려는 의도가 담겨 있다고 주장했다. 또한 ≪뉴욕 타임스≫는 크라이슬러의 세르조 마르키온네Sergio Marchionne 최고 경영자가 넥타이에 정장보다 검은색 스웨터를 즐겨 입는 것은 크라이슬러가 유연한 문화를 갖춘 회사라는 점을 강조하려는 것이라고 분석했다.[6]

한국의 정치인이었던 유시민이 국회에 처음 등장하면서 흰 바지를 입은 것은 자유분방함을 드러내고, 또 한 명의 국회의원인 강기갑의 흰색 저

---

6 "잡스, 자신보다 제품 돋보이게 하려 간편복장", ≪동아일보≫, 2011년 3월 7일 자, A27면.

고리는 민중주의를 지향하는 정치적 성향을 드러낸다. 그래서 대부분의 공식 행사에서 정치인들은 양복과 타이를 입는다. 마찬가지로 북한 김정은의 복장은 무언가 메시지를 담고 있다고 할 수 있다.

북한 김정은 노동당 제1비서가 양복 차림으로 찍은 사진이 2012년 4월 12일에 공개되었다.

≪노동신문≫은 전날 열린 제4차 당대표자회에서 김정은이 노동당 제1비서에 추대된 소식을 전하며 양복에 넥타이 차림으로 포즈를 취한 김정은의 대형 사진을 게재했다. 화면 오른쪽 상단에서 내려오는 빛을 비롯해 조명을 최소한 세 개 이상 활용하는 등 심혈을 기울여 찍은 사진이다.

양복을 입은 김정은의 모습이 공개되기는 그때가 처음이다. 김정은은 2010년 9월 28일 제3차 당대표자회를 통해 등장한 이후 항상 인민복 차림으로 공개 활동을 했다.

김정일 국방위원장도 생전에 양복을 거의 입지 않았다. 양복 차림을 한 흑백사진 한 장이 남아 있을 뿐이다.

김정은이 자신의 공식 초상 사진을 양복을 입은 채 촬영한 것은 서양의 기준에도 어긋나지 않을 수 있는 지도자라는 것을 강조하기 위한 포석으로 보인다.

2013년 9월 7일 자 ≪노동신문≫ 2면에서는 김정은이 미국 NBA 농구의 악동 데니스 로드먼을 만나면서 평소 입던 인민복을 벗고 흰 셔츠에 선글라스 패션으로 등장한다. 국제사회를 향해 자신이 보통의 정치 지도자라는 점을 강조하기 위한 연출로 풀이된다.

능라인민유원지를 찾은 김정은은 밀짚모자를 쓰고 있다. 김정은의 당

≪노동신문≫ 1면에 실린 김정은의 초상 사진(≪노동신문≫, 2012년 4월 13일 자).

시 나이는 이제 스물아홉. 어울리지 않는 복장이지만 인민 속에 있었다고 북한이 주장하는 김일성과 더욱 유사하게 보일 수 있게 하는 소품이다. 김정은은 피부에 와 닿는 정책보다는 눈에 보이는 성과를 중시하고 있다.

7. 희로애락을 표현하는 김정은

정치인은 감정을 잘 드러내지 않는다. 북한도 그랬다. 그러나 김정은의 시대는 조금 다르다. 김정은은 웃고 떠들고 화내고 김정일의 영결식 당시에는 우는 모습까지 보였다.

2011년 12월 17일, 북한 김정일 국방위원장이 사망함으로써 북한은 새로운 권력 체제를 갖추어야 하는 과제를 안게 되었다. 김정일의 영결식에서 보여준 김정은의 모습은 김정일이 1994년 김일성 사망 당시 상주로서 보여주었던 모습과는 차이가 있었다. 김정일은 운구 행렬을 연단 위에서 바라보았었지만, 김정은은 직접 운구에 참여했다. 그리고 김정은은 영결식이 끝난 직후부터 우는 모습을 보이지 않고 웃는 모습으로 등장한다. 김일성 사후 김정일은 100일간 은둔했다. 그러나 김정은은 다르다. 사십구재가 끝나지 않은 상황에서 김정은은 웃음을 보였다. 북한은 김정은이 현지 지도를 하면서 화를 내는 모습도 그대로 보여주고 있다.

희로애락을 그대로 표현하는 지도자. 김정일 시대에는 볼 수 없던 새로운 모습이다.

주체 100년이라는 절묘한 시기에 등극한 김정은은 4월 명절이라고 하는 김일성 생일을 앞두고 인민을 상대로 약속한 강성 대국을 급하게 증명해야 했다. 그리고 자신이 새로운 지도자라는 것을 증명해야 했다. 그 첫 번째 전략이 감정의 표현인 것이다.

김정일은 인민들과 악수하는 사진이 없었다. 인민들과 별로 스킨십을 하지 않았다고 할 수 있다.

그러나 김정은은 인민들과 신체 접촉을 하는 모습을 계속 보여준다. 인민에 가까운 지도자를 만들기 위한 연출인 것이다. 김정일은 김일성종합대학 재학 당시의 증언과 사진으로 후계자 준비 과정을 증명하고 정당화할 수 있었다. 하지만 김정은은 아버지의 건강이 급하게 나빠지면서 후계자 준비 기간이 짧았다. 압축적인 권력 이양 과정 때문에 김정은은 특별히 보여줄 수 있는 것이 없었다. 게다가 스위스 등 외국에서 공부했다는 것이 사진으로 북한 내부에 공개될 경우 비난을 받을 수도 있다. 존재를 확인시키기 위해 선택한 것이 스킨십이다.

하지만 보여주기는 한계가 있다. 사진은 거짓말을 하지 않기 때문이다. 김정일이 건강 이상 증세로 쓰러지기 직전인 2008년 6월, 북한 핵 개발의 상징이었던 영변 경수로 해체가 전 세계의 전파를 탔다. 하지만 2013년 4월 2일, 북한이 영변 핵 시설 재가동을 다시 천명함으로써 5년 전 이벤트는 쇼에 지나지 않았다는 것이 증명되었다.

북한에서 김일성 어록은 김정일 어록으로 쉽게 바꿀 수 있다. 하지만 김정일 사진을 김정은 사진으로 사용할 수는 없다. 국제사회를 향해 끊임없이 자신을 증명해야 하는 김정은의 고민은 계속되고 있다. 김정은이 실제 행동으로 자신의 리더십을 증명하려 할지도 모른다는 걱정이 드는 것도 이 때문이다.

8. 김정은의 육성 신년사

김정일은 매스미디어를 정치에 어떻게 이용할 수 있는지, 그렇게 함으로써 어떠한 정치적 이득을 얻을 수 있는지에 대해 많은 연구를 했다. 영화를 통해 이미지의 힘을 일찍이 깨달았던 김정일로서는 당연한 일이었다. 김정은은 매스미디어를 어떻게 활용할 것인지보다는 자신이 어떻게 보일 것인지에 대해 관심이 많고, 김정은의 역할도 그 점에 집중되어 있다. 김정은은 김정일보다 대중 접촉을 늘리고 있으며, 다양한 모습을 보여주고 있다.

김정은은 시각적인 측면뿐만 아니라 청각적인 측면에서도 김정일과 다른 방식으로 이미지를 관리하고 있다. 2012년 4월 15일에 김일성광장에서 1시간 20분 동안 열병식이 진행되었고, 이 열병식에서 김정은은 대중 연설을 한다. 20분간의 대중 연술은 대외적으로 처음 공개되는 김정은의 목소리였다. 김정은은 또한 2013년 1월 1일에 조선중앙텔레비전을 통해 신년사를 직접 발표했다. 김일성 주석이 사망하기 전인 1994년 1월에 육성 신년사를 낸 이후 처음 있는 일이다.

이날 9시 5분부터 25분간 방송된 연설에서 김정은은 A4 용지 아홉 장 분량의 연설문을 읽었다. 서너 문장마다 박수 소리가 나왔으며, 누가 손뼉을 치는지를 증명하는 화면은 없고 박수 소리가 날 때마다 연설장인 평양 노동당 청사의 외관 모습만이 삽입되었다. 눈에 덮인 모습이었다.

연설하는 김정은의 오른쪽 어깨 뒤로는 노동당기가 서 있고 연설대에는 당 마크가 새겨져 있다. 마이크는 일곱 개가 있다.

군중 행사에 등장하고 육성을 직접 들려주는 것은 김일성과 유사하다(≪노동신문≫, 2013년 9월 10일 자).

정면을 보며 신년사를 발표하는 김정은(≪노동신문≫, 2015년 1월 1일 자).

　≪중앙일보≫ 보도에 따르면 김일성은 1946년에서 1991년까지 신년사
를 생중계로 읽었고, 이후 1994년까지는 녹화를 해 방영했다.[7] 김정일 국
방위원장은 육성 공개를 극도로 꺼렸으며 신년사 대신에 ≪노동신문≫ 등
주요 3대 신문에 공동 사설을 싣는 것으로 대신했다. 김정일은 1992년 4
월 25일의 조선인민군 창건 기념일에 "영웅적 조선인민군 장병들에게 영

7　"김정은 19년 만의 육성 신년사", ≪중앙일보≫, 2013년 1월 2일 자.

광 있으라"라는 열여덟 음절을 내뱉었을 뿐이었다. 북한 인민들이 들었던 유일한 육성이었다.

김정은의 육성 신년사는 할아버지 시대와 자신의 시대를 연결하려는 의도로 보인다. 북한에서 김정은의 말은 곧바로 역사가 되고 정책이 되므로 원고를 한 자라도 틀리게 읽는 것은 심각한 정책의 오류로 나타날 수 있다. 원고를 읽으면서 앞을 보지 않는 이유는 화면보다는 메시지를 중시하기 때문이었을 것이다. 김정은이 원고를 읽는 데 신경 쓰느라 카메라를 정면으로 응시하지 못하자 외부에서는 김정은의 능력이 부족한 증거라고 주장했다. 그러자 2014년과 2015년의 신년사 때는 아예 원고를 보지 않고 카메라만 보았다. 그런데도 말실수는 없었다.

카메라 옆에 원고가 자동으로 보이는 프롬프터가 설치되었을 것으로 보인다.

9. 사인 정치

1994년 7월, 김일성의 갑작스러운 죽음 후 최고 권력자가 된 김정일은 얼굴을 드러내지 않았고 속도를 조절했다. 신문은 김정일을 보여주는 대신, 사회주의 건설을 위해 노력하는 인민의 모습이나 군인들, 문화유산을 보여준다. 예를 들어 1994년 10월 31일에는 사진이 없이 "김정일 동지께서 단군릉을 돌아보시였다", 11월 2일 자에도 사진은 없이 "김정일 동지께서 청류다리를 돌아보시였다" 등 소극적인 편집이 이어졌다. 5개월가량이 지난 1994년 12월 16일 자 ≪노동신문≫ 1면에는 김정일의 친필 '사인'이 게재되었다. 김정일이 전천군 상업관리소 소장인 정춘실에게 보낸 편지를 ≪노동신문≫이 입수해 공개하는 형식이었다. 김정일은 이 편지에서 "나는 동무를 믿습니다. 수령님의 뜻을 받들어 나라와 인민의 충복으로 사업하고 있는 동무를 전당은 적극 지지할 것입니다"라고 썼다.

김정일에 비해 김정은의 사인은 급하게 첫 선을 보였다.

김정은이 북한 주민에게 보낸 첫 '친필'은 2012년 1월 3일에 공개되었다. 노동당 중앙군사위원회 부위원장 자격으로 전년 12월 30일에 근로자들이 보낸 편지를 읽고 답신 차원에서 보낸 것이다. ≪노동신문≫ 1월 4일 자 4면과 1월 5일 자 2면은 김정은의 글씨체를 찬양하는 기사를 내보내기도 했다.

김정일의 경우 한두 장의 친필을 공개했다면, 김정은은 한꺼번에 사인 여러 장을 공개했다. 2012년 1월 30일 자 신문 1면에는 9장, 2월 14일 2면에는 7장, 2013년 4월 10일에는 10장의 사인이 게재되었다.

사인 정치는 한국이나 중국의 왕조에서 연원을 발견할 수 있다. 청나라 옹정제는 '주비 硃批'라 해서, 신하들의 결재 문서나 상소문 등에 일일이 붉은 글씨로 화답해주었고, 밤낮을 가리지 않고 어마어마하게 많은 양의 문서를 검토하면서, 이에 대해 비평은 물론이거니와 중복된 상소문을 올리거나 오·탈자를 낸 신하들을 호되게 질책했다. 당연히 신하들은 바짝 긴장했고, 모반과 음모는 꿈도 꿀 수 없었다. 음모와 반역의 시대에 황제는 이런 방식으로 부하들을 꼼짝 못하게 한 것이다.[8]

갓 서른을 넘긴 김정은의 국정 수행 능력에는 논란의 여지가 있다. 하

김정은의 사인은 급하게 공개되었다(≪노동신문≫, 2013년 9월 19일 자).

8　김성회, 『강한 리더』(샘앤파커스, 2012).

지만 친필 사인을 통해 자신이 이미 업무를 파악하고 있으며, 많은 분야의 인민들이 충성을 다짐한다는 증거를 보여줌으로써 북한을 장악하고자 하고 있다.

제7장

거 대 한 세 트 장

김정은의 단체 사진은 영화를 촬영하는 현장과 유사하다. 날씨를 고려한 후 대형 연단과 구호판이 움직이고 배경이 정리된다. 연출은 최고 지도자와 간부, 촬영 담당 사진가들이 맡는다. 출연하는 모든 인민과 군인도 조연 배우의 역할을 충실하게 한다. 주연배우인 김정은의 액션에 대해 조연과 엑스트라들은 큰 리액션을 보여준다.

1. 이설주의 등장, 아무도 몰랐다

이설주가 공식 등장한 시기는 2012년 7월이다. 하지만 이설주는 이미 그 이전부터 김정은과 함께 다니고 있었다. 2012년 5월 1일에 평양 인민극장에서 5·1절 경축 음악회를 관람했을 때도 이미 동행했다. 당시 조선중앙통신사가 공개한 사진에서 이설주는 모든 관객이 김정은을 향해 박수를 보내는 상황에서도 손뼉을 치지 않은 채 시선을 돌리고 있었다. 그 옆에는 김정일의 마지막 부인인 김옥도 서 있었다. 마찬가지로 카메라 플래시를 피해 급하게 얼굴을 돌리고 있었다. 의도적으로 카메라를 피할 수 있는 사람은 북한에서 많지 않다. 그리고 이설주의 손에는 수첩과 필기구가 있지 않았다. 최고 권력자의 현지 지도를 바로 옆에서 수행하면서 메모를 하지 않아도 되는 사람은 경호원과 여동생 김경희 정도이다. 2인자로 불렸던 장성택도 수첩을 들고 다니는 경우가 많았다. '말씀'을 기록하지 않아도 되는 사람 역시 권력을 가진 사람이다. 수첩도 권력의 크기와 연결할 수 있다. 아직 공개할 타이밍이 아니라고 판단했던 것 같다.

김정은 시대의 북한은 이미지를 아주 중시하고 있다. 김정일은 영화광인 데다 이미지 연출에 아주 강하다고 알려졌었지만, 실제로는 화면에 드러나기보다는 보여주지 않음으로써 카리스마를 만들고 지키려 했었다. 그에 비해 김정은은 훨씬 노출 지향적이다. 북한 읽기의 기술이 높아진다면 더 많은 정보를 획득할 가능성이 커진 것이다. 북한은 이미지 정치를 통해 권력을 정당화하고 3대 세습에 대한 지지를 점점 확보해나가고 있다. 이미지 읽기는 북한 주민들과 권력의 관계가 점차 강화되어가고 있다는 것

손뼉을 치지 않고 카메라를 피하는 여인 두 명이 보인다. 김옥과 이설주의 모습이다(≪노동신문≫, 2012년 5월 1일 자).

모란봉악단 공연을 보는 이설주가 위 사진과 같은 옷을 입고 있다(≪노동신문≫, 2012년 7월 9일 자).

을 이해하기 위한 하나의 방법이라고 할 수 있다. 북한의 이미지 정치는 우리가 생각하는 것보다 훨씬 집요하고 정교하다.

2. 이설주의 공식 등장은 시할아버지 참배

김정은은 외교관을 만나면서 부인과 동행하는 국제관례에 따르는 형식으로 이설주를 처음 공개했다. 북한이 이설주를 실명과 함께 김정은의 부인이라고 처음 공개한 것은 2012년 7월 26일이다. 김정은과 이설주는 이날 평양의 능라인민유원지 준공식에 참석했고 다정하게 팔짱도 끼었다. 김정은의 고모인 김경희 당비서도 조카며느리의 첫 데뷔에 박수를 보내며 함께했다.

조선중앙통신사 홈페이지에 나온 다른 사진을 보면 이날 김정은은 북한 주재 중국 대사인 류홍차이劉洪才와 류 대사의 부인으로 추정되는 중년 여성 그리고 서양인들과 함께 능라인민유원지를 둘러보고 놀이 기구를 같이 타기도 했다. 이것은 이날 행사가 일종의 외교 행사라는 것을 의미한다.

김정은은 ≪노동신문≫에서는 얼굴보다 이름을 먼저 드러냈지만, 이설주는 이름보다 얼굴을 먼저 드러냈다. 이설주의 실명과 부인이라는 신분을 밝히기 전 북한 매체들은 김정은의 외부 행사에 젊은 여성이 근접 수행하는 장면을 반복적으로 보여주었다. 2012년 7월 6일의 모란봉악단 창단 공연 관람에 이어 7월 8일에 금수산태양궁전의 김일성·김정일 영정 참배, 그리고 7월 15일에는 평양 창전거리 경상유치원 현지 지도를 하는 동안

평양의 능라인민유원지를 방문한 김정은이 부인 이설주와 팔짱을 낀 채 걷고 있다(조선중앙통신사 홈페이지, 2012년 7월 26일).

김정은의 옆에는 이 여성이 서거나 앉아 있었다. 투피스 또는 원피스 정장을 입은 이 여성은 김정은과 다정하게 이야기를 하며 웃기도 했다.

이 화면들은 조선중앙텔레비전을 통해 북한 외의 세계 각국에도 전파되었다. 조선중앙텔레비전은 이 여성이 김정은의 부인이라고 분명하게 표현하지는 않았다. 조선중앙텔레비전이 외부 관찰자들의 호기심과 '알 권리'를 충족해줄 의무는 없기 때문이다.

북한 주민들이 공식적으로 신문을 통해 이설주의 얼굴을 본 것은 ≪노동신문≫ 7월 8일 자 1면이다. 이날은 김일성의 사망일로, 김정은이 할아버지 김일성의 사망 18주기를 맞아 조선인민군 지휘성원들과 함께 0시 정각에 금수산태양궁전을 찾아 김일성·김정일의 영정을 참배하는 모습이 실렸다. 사진에는 군 지휘관 20여 명 외에 여성 두 명이 등장하는데, 한 명

김정은과 이설주가 동부전선 시찰을 마치고 평양으로 돌아오는 길에 인민무력부에 들러 김일성 동상과 김정일 동상에 헌화하고 있다(≪노동신문≫, 2012년 8월 30일 자).

은 이설주이고 또 다른 한 명은 김정일의 마지막 부인으로 추정되는 김옥이다. 이설주는 시어머니인 김옥과 함께 시할아버지의 기일에 인사를 드리는 것으로 공식 행보를 시작한 모양새를 갖춘 것이 된다.

　김정일은 생전에 자신의 부인들을 한 번도 대중 매체에 공개한 적이 없었지만, 김일성은 두 번째 부인인 김성애를 몇 차례 대동하고 나타났다.

김성애는 1965년 10월 5일에 방북한 캄보디아의 노로돔 시아누크Norodom Sihanouk 국왕 부부와의 면담, 1971년 6월 11일에 방북한 루마니아의 니콜라에 차우셰스쿠Nicolae Ceauşescu 대통령 부부와의 면담, 1994년 6월 17일에 방북한 미국의 지미 카터Jimmy Carter 전前 대통령과의 면담에도 참석했다. 김정일의 경우 1994년에 전권을 이양받은 후부터 2011년 사망할 때까지 자신의 부인을 한 번도 매스미디어를 통해서 공개하지 않았다.

김일성의 부인인 김성애는 나이도 많았다는 한계가 있었기 때문에 자주 보이지 않았지만, 이설주의 경우 북한 나름의 자신이 있는 젊음과 외모를 가진 만큼 앞으로도 노출 빈도가 높아질 것으로 예상된다. 김정은은 정장을 입고 환하게 웃는 부인까지 보여주는데, 모두 이전의 통치자들과는 달리 젊음과 현대인이라는 점을 강조하기 위한 장치로 보인다. 주름살을 가리기 위해 초상화를 이용했던 김일성과 김정일보다 김정은은 젊다. 이설주의 패션과 표정은 흰 한복을 입었던 김성애의 모습보다 동적이다. 젊다는 것은 단점이 될 수도 있지만, 밝은 이미지를 주는 데 오히려 도움이 될 수도 있다. 일종의 역발상인 셈이다. 또한 김정은 부인의 얼굴까지 보여줌으로써 정상 국가라는 점을 외부 세계에 강조하려는 의도도 있는 것으로 해석할 수 있다. 할아버지와 아버지 시대를 이어온 '보여주기 방식'과 구별되는 새로운 방식의 이미지 정치는 김정은 시대가 이전과 완전히 같지는 않을 수도 있다는 것을 암시한다.

또한 이설주의 존재는 김정은의 북한이 정상 국가라는 이미지를 홍보하는 데도 효과적인 만큼 과거와는 달리 활발한 활동을 할 것으로 보인다.

3. 이설주, 바지 입고 배지 떼고 목걸이 하고

개성 있게 자신을 드러내고 싶은 욕망은 자연스럽다. 하지만 북한에서는 남자는 인민복, 여자는 긴 치마라는 드레스 코드가 존재한다. 북한에서 김정은과 함께 기념사진을 찍을 경우 여자들은 치마를 입는다. 특별한 경우 바지를 입을 수도 있다. 김정은이 갑작스럽게 방문할 경우, 즉 일하는 도중 김정은을 맞아야 하는 상황이라면 바지를 입은 여성을 발견할 수 있어도, 바지는 노동복이라는 인식 때문에 공식적인 행사에서는 치마를 입어야만 한다.

그러나 이설주는 패션을 위해 규정을 뛰어넘는다. 대동강 타일 공장을 방문하는 이설주의 복장은 파격적이라 할 만하다. 사진에서 이설주는 검은색 바지를 입고 흰색 구두를 신었다. 이설주는 무릎이 보이는 짧은 치마를 입기도 한다.

검은색 핸드백을 옆에 낀 이설주는 머리에는 검은색 머리띠를 했으며, 목에는 금색 목걸이를 걸었다.

특히 이설주는 왼쪽 가슴에 은색 브로치를 달았다. 김정은의 고모인 김경희 부장을 비롯한 모든 참석자가 김일성·김정일 배지를 단 것과 구별된다. 이설주는 2012년 7월 26일에 능라인민유원지 준공식에 처음 실명으로 등장할 때만 해도 원피스 상의에 김일성·김정일 배지를 달았었고, 2012년 12월 18일의 사진에서 김정일 사망 1주기 행사에 참석한 이설주는 검은 한복 저고리에 쌍상 배지를 달았다. 하지만 이후에 공개되는 사진에서는 배지를 찾아보기 어렵다. 이러한 정황은 개인으로서 이설주가 자유분

평양 창전거리의 식당을 방문한 김정은과 이설주가 팝콘을 들고 있다(《노동신문》, 2012년 9월 21일 자).

방한 성격이라는 추측을 할 수 있게 하면서 또 한편으로는 김정은의 부인으로서 이설주가 갖는 위상이 높다는 것을 보여준다. 한편으로는 서방 세계를 경험한 김정은이 자신과 부인의 패션은 국제사회의 눈높이에 맞출 필요가 있다는 생각을 하고 있을 가능성도 있다. 2012년 4월에 북한은 양복을 입은 김정은의 초상화를 국제사회에 공개한 적이 있는데, 초상화 속 김정은도 배지를 달지 않은 상태였다(185쪽 사진 참조). 따라서 이설주가

이설주의 얼굴을 제대로 보여주는 정면 사진보다는 어린이의 손을 잡아주는 모습의 사진이 훨씬 유리하다고 판단했을 것이다(≪노동신문≫, 2013년 5월 20일 자).

양장 상의에 배지를 달지 않은 것은 패션을 중시하기 때문이기도 하지만, 한편으로는 외부 세계를 의식한 이미지 정치의 단면이라는 해석도 있다.

이설주의 이런 패션이 북한 사회를 조금씩 변화시키고 있다는 주장도 주목할 만하다. 2009년부터 북한은 바지를 입는 여성을 단속하지 않기 시작했다는 보도도 나오고 있고, 1990년대 투피스(나뉜옷) 유행에 밀려 한때 사라졌던 원피스(달린옷)가 이설주 등장 이후 다시 유행하기도 했다는 증언도 나온다. 이설주의 짧은 커트 머리 역시 북한 여성들의 머리 모양을 선도하고 있다. 최고 지도자의 일거수일투족은 북한 사회에서 아주 중요한 역할을 할 수밖에 없다.

4. 북한 주민들의 소원, 사랑의 기념사진

"여보 나 찍었소! 나 소원을 풀었소!" 희천발전소 건설 부대 중대장 김옥철 대위가 울먹이며 집으로 들어온다. "당신…… 기념사진 찍었어요?"라고 김옥철 대위의 아내 역시 감격스럽게 묻는다. 2012년 북한에서 방송된 영화 〈소원〉의 마지막 장면이다. 김정일이 사망하기 이틀 전 외국인들을 시사회에 초청할 정도로 관심을 보였다고 해서 유명한 영화이다. 촬영 기회를 두 번이나 놓쳐 통한의 눈물을 흘리던 주인공 옥철은 '장군님의 배려'로 기념 촬영을 다시 할 수 있게 되어 평생의 소원을 이룬다. 그리고 다시 뜨거운 눈물을 흘린다. 우리로서는 이해할 수 없는 이야기이지만 북한 텔레비전이 자랑스럽게 반복하는 예술영화이다.

북한에서 '1호'와 함께 사진을 찍는 것은 특별한 존재라는 것을 인정받는 의식이다. 인민보안성 호위사령부 출신 탈북자 박현국(가명, 40대) 씨는 "군인들의 경우 '1호 사진'이 있다면 진급과 직책 이동에 도움이 된다"라고 증언했다. 사진은 혁명에 동참한 데 대한 영수증 역할을 한다.

김정일이 현지 지도를 하며 기념 촬영을 하고 가면 며칠 후에 해당 부대나 공장 등에서는 액자 수여식이 열린다. '1호 사진'을 함께 찍은 사람들은 액자를 받아 집안의 깨끗한 벽에 걸어둔다. 영화에서 옥철의 부인은

"영원한 가족사진이고 가보"라며 의미를 부여한다.

김정은이 2012년 9월 초, 평양 창전거리 신축 아파트에 입주한 한 신혼부부의 집을 방문했을 때 이 집의 벽에는 기념사진이 두 장 걸려 있었다. 한 장은 남편 김혁이 군에서 복무하던 시절에 부대를 찾은 김정일 국방위원장과 함께 촬영한 사진이었고, 다른 한 장은 김정숙평양방직공장 노동자인 부인 문강순이 공장을 방문한 김정일과 함께 찍은 사진이었다. 선물이라는 것은 주고받는give and take 것이 원칙이다. 기념사진을 선물 받은 인민과 군인들이 김정은에게 무엇을 반대급부로 제공해야 하는지를 생각해본다면 북한에서 사진은 세습의 정당화와 체제 안정화의 중요한 도구가 될 수 있다. 지도자는 대중에게 '사랑의 사진'을 '주고' 대중에게서 '충성과 노동력'을 '받는' 구조로 체제가 유지되는 것이다. 사진을 통한 '선물 정치'라고 할 수 있다.

김정은은 현지 지도를 하거나 행사를 치르면서 관련자들과 함께 대규모 기념사진을 촬영한다. 북한에서는 '사랑의 기념사진'으로 불린다. 기념촬영을 할 때는 적게는 60명, 많게는 1600명 정도가 사진 촬영용 연단에 올라선다.

2012년 4월에 열린 김일성 100회 생일 기념 열병식이 끝난 후 김정은은 열병식 참가자 2만 400여 명과 함께 스무 차례로 나누어 사진을 찍었다. 같은 해 6월에 열린 소년단 초청 행사에서도 어린이 1만 9000여 명과 함께 사진을 찍었다.

이런 '사랑의 기념사진' 행사가 끝나고 나면 ≪노동신문≫은 이 사진들을 지면에 싣는다. 4월 열병식과 6월 소년단 행사 모두 각각 사진 20장이

자강도 강계트랙터종합공장의 노동자들이 조별로 기념사진을 촬영할 순서를 기다리고 있다(≪노동신문≫, 2013년 6월 25일 자).

게재되었다. 2012년 1월 1일에서 2013년 5월 31일까지 ≪노동신문≫에 게재된, 김정은의 단체 사진에 나오는 인물의 수를 세어보았다. 간부들이 주로 서 있는 맨 앞줄을 제외하고 뒷줄을 전부 세어 합해본 결과 약 12만 4000명이 등장한다. 4인 가족을 기준으로 본다면 약 50만 명, 그러니까 북한 인구 2500만 명의 2퍼센트에 해당하는 가구와 1년 반이 채 안 되는 짧은 기간에 특별한 관계를 맺은 것이다. 사진 한 장에 등장하는 인물들 한 명 한 명이 잘 보이게 하고자 기념사진은 해상도가 높은 대형 카메라를 사용한다. 일반적인 사진기자들의 카메라가 아니라 사진관에서 사용하는 특수 기종이다. 창전거리 신혼부부의 사례에서 볼 수 있듯이 사진에 등장했던 인물들에게 사진을 각각 한 장씩 프린트해서 주었다면 김정은은 원가 3000원의 비용으로 인민들에게 특별한 선물을 주는 셈이다.

사진 촬영의 대상은 군인, 건설 노동자, 만수대창작사 직원, 경축 행사 참가자, 소년단원 등이다. 대규모 기념사진은 김정일 시대의 발명품인데, 김정은은 이를 더욱 확대해 정치에 활용한다고 할 수 있다.

집체 사진은 김일성 시대부터 시작되었으며, 선군 정치를 표방하는 김정일 시대에서는 주로 군인들이 등장한다. 이런 사진은 신문의 반 페이지 정도를 차지하므로 자세히 보면 얼굴을 알아볼 수는 있었다. 게다가 개개인의 얼굴을 앞사람이 가리지 않도록 계단식 연단을 설치하고 줄을 가지런히 맞춘다.

그러나 김정은 집권 3년 차인 2014년 하반기를 지나면서 사람들의 얼굴을 알아보기가 어렵다. 신문의 본문 활자보다 작은 크기로 얼굴이 실리기 때문인데, 너무 많은 사람을 등장시키는 과정에서 벌어지는 일이다.

5. 거대한 세트 속 인민들

김정은이 처음 나무배를 타고 연평도 앞에 있는 섬인 장재도에 들어갔을 때, 조선중앙통신사 사장이 함께 탑승한 것이 사진에서 확인된다. 기자가 아니라 사장이 직접 김정은을 취재하는 것이다. 서양에서는 이런 기획자를 가리켜 스핀 닥터spin-doctor로 표현한다. 특정 정치인이나 고위 관료들의 대변인 구실을 하는 정치 홍보 전문가를 말한다. 즉, 해당 정치인에게 유리한 여론을 조성하고 나쁜 내용은 숨겨 정치인을 우호적이고 좋게 보이게 선전하는 역할이다.[1]

이날 섬에 사는 북한 주민 전체가 엑스트라가 되어 화면 구성에 협조했다. 카메라의 촬영이 시작되자 김정은을 보기 위해 바다로 뛰어드는 모습이 단적인 예이다. 다 같이 영화 한 편을 찍는 것이다.

권력과 언론이 서로를 견제하고 비판할 수 있을 때, 그 사회는 이득을 얻는다. 프랑스의 사회학자 피에르 부르디외Pierre Bourdieu는 견제되지 않는 언론 권력은 폭력을 행사할 수 있다고 지적했다. 부르디외는 오늘날 상징 생산을 전문적으로 담당하는 집단으로 지식 생산자나 문화 생산자들의 역할을 강조한다. 이들이 다소 혼란스럽고 모호하고 정형화되어 있지 않은, 심지어는 정형화할 수 없는 자연 세계와 사회 세계의 경험들을 명시적이고 객관화된 방식으로 드러냄으로써, 사물을 보여주고 사람들에게 그것을 믿게 하고 그래서 존재하게 하는 특정 권력, 이른바 상징 권력을 가지고 있다고 본다. 문제는 이런 상징 권력이 상징 폭력을 행사할 수도 있다는 점이다. 상징 생산에 대한 권리를 사회적으로 위임받은 특정 집단들은

---

1   미국의 전(前) 대통령 빌 클린턴의 모니카 르윈스키(Monica Lewinsky) 스캔들 때 백악관이 클린턴의 경제적 성과와 외교적 능력을 부각하고자 홍보전을 펼친 것이 스핀 닥터의 역할을 보여주는 대표적 사례이다.

장재도 군인들이 장재도를 방문하고 돌아가는 김정은을 배웅하고 있다(조선중앙통신사, 2013년 3월 8일).

상징 생산을 통해 지배 질서에 정당성을 부여하는 논리적이고 인지적인 틀을 생산하며, 이를 통해 한 계급의 다른 계급들에 대한 지배 질서가 재생산된다는 점에서 상징 생산은 '상징 폭력'으로 작용한다는 것이다.[2]

지식과 소통의 도구로서의 상징들은 사회 세계에 대한 의미의 합의가

---

2 윤은덕, 「언론의 미디어 관련 담론구성에 관한 연구」(성균관대학교 대학원 석사학위논문, 2004), 4쪽 재인용.

가능하게 해주는데, 합의는 사회질서가 재생산되는 데 근본적으로 기여한다. 이는 '상징체계들'이 정치적 기능을 수행할 수 있게 되는 것이 소통과 지식이 구조화되고 구조화하는 도구인 것만큼이나, 한 계급이 여타 계급을 지배하는 것을 가능케 해주는 도구(상징 폭력)이기 때문이다.[3]

북한은 지금 권력자의 이미지 관리에만 집중한다. 국제사회에서 북한 주민들에 대한 이미지는 계속 추락한다. 미래에 대한 투자가 없는 북한이 그대로 사진에 드러난다.

김정은의 단체 사진은 영화를 촬영하는 현장과 유사하다. 날씨를 고려한 후 대형 연단과 구호판이 움직이고 배경이 정리된다. 연출은 최고 지도자와 간부, 촬영 담당 사진가들이 맡는다. 출연하는 모든 인민과 군인도 조연 배우의 역할을 충실하게 한다. 주연배우인 김정은의 액션에 대해 조연과 엑스트라들은 큰 리액션을 보여준다. 앞서 말한 대로, 배를 타고 연평도 앞바다 장재도를 방문한 김정은을 보기 위해 바다로 뛰어드는 주민의 모습이 대표적 예이다.

2012년 6월에는 1만 명이 넘는 북한 어린이가 김정은과 사진을 찍은 적이 있는데, 아무도 안경을 끼지 않았다. 한 장면을 찍기 위해 참가자들이 준비해야 하는 복장 규정이 철저하게 지켜진다.

2013년 3월 18일에는 10년 만에 경공업대회가 평양에서 열렸다. 전국에서 상경한 참가자 수백 명이 저마다 오른손에는 가방을 들고 평양역을 한꺼번에 빠져나온다. 일사불란하다. 사진과 화면을 염두에 둔 행동들이

---

3 같은 글, 27쪽 재인용.

다. 집단체조 아리랑 역시 외부 세계에 단결을 보여주기 위해 학생과 주민 수천 명이 힘을 모은다.

김정은은 2012년의 소년절을 맞아 전국 각지의 우수 소년단 어린이들을 평양으로 초청했다. 사회주의의 열매를 맛보게 하려는 김정은의 의도는 어린이들의 표정에서도 나타난다.

소년단 어린이들은 평양에 입성하면서 평양역에서 기다리던 카메라를 향해 손을 흔든다. 영광스럽고 감격스러운 순간을 인민들과 나누고 싶어 하는 것처럼. 모두들 연기자actor이다.

2012년 7월 18일에 북한은 낮 12시 긴급 방송을 예고한 후, 김정은에게 원수 칭호를 수여한다고 발표했다. 그날 오후 북한 조선중앙통신사가 전 세계에 전송한 사진 중 하나는 평양 시내 광장에 모인 수많은 남녀 군인이 춤추는 모습이다. 실제로 기쁘다고 해서 모여서 춤을 추는 것은 우리 사회 구성원에게는 낯설다. 물론 그들에게는 생활이고 전통일 수는 있지만.

2002년에 김일성 90회 생일을 맞아 시작한 집단체조 아리랑이 2013년에도 이어졌다. 외화벌이 목적이기도 하지만, 체제 단결을 위한, 통합을 위한 메커니즘이 작동한다. 학생과 군인들이 대거 동원되는데, 대단한 영광으로 생각한다는 증언도 있다. 북한 사회를 거대한 연극 무대로 본다면 여러 가지 의문이 풀린다. 북한은 거대한 세트장 같고 인민들은 엑스트라의 역할에 충실하다. 문제는 카운터 프레임counter frame이 없다는 것, 즉 비판적 설명이 허용되지 않는다는 점이다.

북한의 연극을 관찰하는 필자의 관전 포인트는 주인공의 계급이다. 북한 ≪노동신문≫에서 일반 인민들의 모습이 1면의 상단에 실리는 경우는 없다. 인민을 위한다고 하지만, 아직까지 인민들의 희로애락을 중요한 사회적 현상으로 다루어주는 매스미디어는 보이지 않는다. 엑스트라가 주인공의 모습으로 등장하는 시대는 언제쯤 올 수 있을까?

참고문헌

국내 문헌

1. 단행본

강현두. 1997. 『북한 매스미디어론』. 나남출판.

김덕만. 2004. 『21세기 언론홍보기법』. 카리스마.

김상준. 2002. 『남북한 보도방송 언어연구』. 커뮤니케이션북스.

김성회. 2012. 『강한 리더』. 샘앤파커스.

김영수. 2004. 『기록자와 해설자: 조선일보와 뉴욕타임스의 사진 비교』. 미디어연구소.

김영주·이범수 엮음. 1999. 『현대북한언론의 이해』. 한울.

김영훈. 2007. 『문화와 영상』. 일조각.

김용호·이우승·조한범. 2000. 『남북한 방송교류를 위한 정책 연구』. 방송위원회.

김재용. 1994. 『북한 문학의 역사적 이해』. 문학과 지성사, 217~219쪽.

김진홍. 1983. 『언론통제의 정치학』. 홍성사.

김태우. 2012. 『북핵을 넘어 통일로』. 명인문화사.

리만근. 2006. 『30년 사진 인생, 7년간 북한을 담다』. 시대정신, 247쪽.

백선기. 2003. 『텔레비전 영상기호학』. 미디어24.

변영욱. 2008. 『김정일.jpg: 이미지의 독점』. 한울.

엄흥석. 2004. 『광고 담화와 영상의 수사학』. 경상대학교출판부.

유선영 외. 1998. 『남북교류시대 북한 보도』. 한국언론연구원.

유재웅. 2008. 『국가이미지』. 커뮤니케이션북스.

유재천. 1989. 『북한의 언론』. 을유문화사.

이경민. 2010. 『제국의 렌즈』. 웅진싱크빅.

이기현. 2003. 『남북한 방송문화교류의 현황과 과제』. 커뮤니케이션북스.

이병훈. 2009. 『포토 저널리즘』. 나남.

이우영. 2001. 『북한문화의 수용실태 조사』. 통일연구원.

이종석. 2000. 『북한-중국 관계 1945~2000』. 중심.

_____. 2002. 『새로 쓴 현대북한의 이해』. 역사비평사.

이호규·곽정래. 2011. 『북한의 사회적 커뮤니케이션 구조와 미디어』. 한국언론진흥재단.

이희옥. 2004. 『중국의 새로운 사회주의 탐색』. 창비.

전미영. 2001. 『김일성의 말, 그 대중설득의 전략』. 책세상.

전민조. 1999. 『가짜사진 트릭사진』. 행림출판.

조선미. 2007. 『초상화 연구: 초상화와 초상화론』. 문예출판사.

조한범. 1999. 『남북 사회문화 교류·협력의 평가와 발전방향』. 통일연구원.

_____. 2002. 『남북한사회문화공동체 형성방안 연구』. 통일연구원.

주창윤. 2003. 『영상이미지의 구조』. 나남.

주형일. 2004. 『영상매체와 사회』. 한울.

2. 논문

김상수. 2007. 「토니 블레어의 이미지 정치」. ≪영국연구≫, 18호, 99~123쪽.

김영근. 2009. 「TV 촬영담당자의 시지각 결정요인에 관한 연구 부문별 영상구성과 방송조
직의 특성을 중심으로」. 한양대학교 대학원 박사학위논문.

김용현. 2005. 「선군정치와 김정일 국방위원장 체제의 정치변화」. ≪현대북한연구≫, 제8권
3호.

김정룡. 1993. 「김정일의 이미지형성과정에 관한 연구: 「로동신문」 기사의 내용분석을 중심
으로」. 연세대학교 대학원 석사학위논문.

변영욱. 2007. 「북한 '1호 사진'의 변화」. 북한대학원대학교 석사학위논문.

서도식. 2008. 「비주얼 커뮤니케이션과 정치: 이미지 권력에 대한 비판을 중심으로」. ≪철학≫, 95집, 313~337쪽.

신호창·김찬아. 1999. 「대통령 PI(President Identity) 전략 정립을 위한 미국과 영국 국가최고지도자의 PI 전략 비교」. ≪커뮤니케이션학 연구≫, 7권, 259~281쪽.

오창룡. 2012. 「프랑스 사르코지 대통령의 이미지 정치와 위기 리더십」. ≪한국정치연구≫, 제21집 제2호(6월), 325~347쪽.

윤은덕. 2004. 「언론의 미디어 관련 담론구성에 관한 연구」. 성균관대학교 대학원 석사학위논문.

이승열. 2012. 「북한정권의 본질과 대외협상 목표: 고립의 심화인가, 변화의 시작인가?」. 제2차 대북정책 심포지엄 "최근 북한 정세와 변화 전망: 고립의 심화인가?" 자료집, 41쪽.

이우영. 2003. 「북한의 문화전략」. 세종연구소 북한연구센터 엮음. 『북한의 국가전략』. 한울.

이지순. 2013. 「김정은 시대 북한 시의 이미지 양상」. ≪현대북한연구≫. 제16권 1호. 268쪽.

이태섭. 2003. 「김정일 후계체제의 확립과 '단결'의 정치」. ≪현대북한연구≫, 제6권 1호.

전미영. 2000. 「북한의 대중 설득 정책과 김일성 담화의 언어 전략」. ≪현대북한연구≫, 제3권 1호.

전희락. 2010. 「정치인 이미지 형성 메커니즘에 관한 연구: 플라시보 효과와 노시보 효과를 중심으로」. ≪정치커뮤니케이션 연구≫, 16호, 303~344쪽.

정근원. 1993. 「영상세대의 출현과 인식론의 혁명」. ≪세계의 문학≫, 여름호.

정영철. 2001. 「김정일 체제 형성의 사회정치적 기원: 1967~1982」. 서울대학교 대학원 박사학위논문.

_____. 2010. 「미국에서의 북한연구: 냉전의 재생산」. ≪현대북한연구≫, 제13권 1호.

조한범. 2009. 「사회·문화교류」. 통일연구원 엮음. 『통일환경 및 남북한관계 전망: 2009~2010』. 통일연구원.

조현수. 2010. 「상징과 정치: 민주주의체제와 전체주의 체제의 상징에 대한 비교분석」. ≪한국정치연구≫, 제19권 제3호, 193~216쪽.

조홍래. 2009. 「김정일 체제구축과 지도자 이미지 형상: 정치적 지위변화와 이미지 형상의 연계를 중심으로」. 고려대학교 대학원 석사학위논문.

주은우. 1998. 「현대성의 시각체제에 대한 연구: 원근법과 주체의 시각적 구성을 중심으로」.
　　서울대학교 대학원 박사학위논문.

탁진영. 2001. 「텔레비전 정치광고의 쟁점과 개선방향: 미디어정치 시대 정치광고 활성화를
　　위한 제도적 개선방안」. 2001 한국언론학회 세미나 발표문.

후지이 다케시(藤井たけし). 2008. 「'이승만'이라는 표상: 이승만 이미지를 통해 본 1950년
　　대 지배 권력의 상징 정치」. ≪역사문제연구≫, 19호, 9~42쪽.

3. 신문 및 기타 자료

≪데일리NK≫. 2009.8.20. "北 조문단 대표 김기남 비서는 누구?".

≪동아일보≫. 2005.8.15. "55년간의 상처… 5초 묵념으로…".

≪동아일보≫. 2010.10.2. "노동당 요직엔 누가", A4면.

≪동아일보≫. 2011.3.7. "잡스, 자신보다 제품 돋보이게 하려 간편복장", A27면.

≪동아일보≫. 2012.4.17. "金, 미사일 가리키며 "저것 쏜 적이 있나"", A10면.

≪동아일보≫. 2012.4.19. "北 군부 "최고존엄 영상까지 날조… 서울 한복판 날려버릴것"",
　　A1면.

≪동아일보≫. 2013.12.14. "北 장성택 판결보도문으로 본 '김정은 체제 2년'", A2면.

≪동아일보≫. 2013.4.13. "김정은 체제 1년 '1호 사진' 전수조사", A1면.

≪세계일보≫. 1994.7.22. "김기남팀 「대중조작」/「김정일시대 개막」 교묘한 연출", 5면.

≪신동아≫. 2009. "세계 언론 농락한 북한의 '사진 정치'", 3월호(통권 594호).

≪신동아≫. 2010. "'1호 사진'에 나타난 '북한 경제' 오해와 진실", 4월호(통권 607호).

≪신동아≫. 2011. "김정은 사진에 담긴 은밀한 진실", 2월호(통권 617호).

≪신동아≫. 2012. "北 젊은 지도자 '1호 사진'에 담긴 3S 코드", 12월호(통권 639호).

≪아시아엔≫. 2012.3.9. "북한 억양 남았지만 특별한 경험".

≪오늘의 북한소식≫. 2009. "3대 언론사 사장 해임 또는 직위 변동", 312호.

≪월간조선≫. 2008. "한국 정보당국 金正日 뇌 사진 확보, 뇌졸중 확인", 12월호.

≪조선일보≫. 2013.1.28. "북, 3차 핵실험 또 시사".

≪주간동아≫. 2008.11.25. "김정일 '사진정치' 세계언론 놀아난다", 662호.

≪주간동아≫. 2013.3.11. "자동소총과 칼로 중무장 김정은 '위력 경호' 숨은 뜻 뭐냐", 878호.

≪주간동아≫. 2015.5.18. "북한 SLBM 발사 사진 과연 조작일까", 988호.

≪중앙일보≫. 2013.1.2. "김정은 19년 만의 육성 신년사".

≪중앙일보≫. 2013.5.11. "판문점 지키는 북한 군인들 미국 팝송 흥얼거리더라", 20면.

공용철. 2012. "김정은 체제 10개월, 북한은 지금?". ≪민족화해≫, 통권 59호(2012년 11+12
　　　월호), 36~37쪽.

연합뉴스. 2010.10.1. "北김정은 3남매, 화려한 '봄나들이' 사진 공개".

연합뉴스. 2012.11.27. ""北당국, 리영호 찍힌 '1호 사진' 회수"".

연합뉴스. 2012.3.13. ""북한TV 맞아?"…뉴스보도 봄맞이 새단장".

열린북한방송. 2009.10.28. "김정일 사진 찍을 때 지켜야 할 원칙은?".

열린북한방송. 2010.8.15. "김정일 사망 대비하나? 김정은 배지(초상휘장) 제작 완료".

자유아시아방송. 2012.3.16. "AP-조선중앙통신 공동 사진전 개막".

자유아시아방송. 2012.11.26. "북, 리영호 찍은 '1호 사진' 대거 수거".

정영태. 2013. "북한의 계산된 의도를 파악하고 남북관계 개선에 대비해야". ≪민족화해≫,
　　　통권 62호(2013년 05+06호), 15쪽.

진천규. 1995. "대통령에 대한 사진 취재". ≪사진기자≫, 1995년 겨울호.

외국 문헌

1. 단행본

라이트, 테렌스(Terence Wright). 2004. 『사진이란 무엇인가: 사진의 이론과 실제』. 이주영
　　　옮김. 눈빛출판사.

레스터, 폴(Paul Lester). 1999. 『포토저널리즘과 윤리학』. 허현주 옮김. 삼경.

메사리스, 폴(Paul Messaris). 2004. 『설득 이미지』. 강태완 옮김. 커뮤니케이션북스.

미르조에프, 니콜라스(Nicholas Mirzoeff). 2009. 『비주얼 컬처의 모든 것: 생각을 지배하는
　　　눈의 진실과 환상』. 임산 옮김. 홍시커뮤니케이션.

부어스틴, 다니엘(Daniel J. Boorstin). 2004. 『이미지와 환상』. 정태철 옮김. 사계절.

쿤치크, 미하엘(Michael Kunczik). 2008. 『국가이미지 전쟁』. 윤종석·권혁준 옮김. 커뮤니케이션북스.

크뢰버 릴, 베르너(Werner Kroeber-Riel). 2005. 『영상커뮤니케이션: 광고의 이미지 전략』. 조창연 옮김. 커뮤니케이션북스.

폼브런(C. J. Fombrun)·반 리엘(C. B. M. Van Riel). 2004. 『명성을 얻어야 부가 따른다』. 한은경 옮김. 서울출판미디어.

프랫카니스(Anthony Pratkanis)·아론스(Elliot Aronson). 2005. 『프로파간다 시대의 설득전략』. 윤선길 외 옮김. 커뮤니케이션북스.

프록터, 제임스(James Procter). 2006. 『지금 스튜어트 홀』. 손유경 옮김. 앨피.

히라이 히사시(平井久志). 2012. 『김정은 체제: 북한의 권력구조와 후계』. 백계문·이용빈 옮김. 한울.

Bandura, A. 1977. *Social learning theory*. Englewood Cliffs, NJ: Prentice-Hall.

Shore, Cris. 2000. *Building Europe: the cultural politics of European integration*. Milton Park, Abingdon, Oxon: Routledge.

Skowronek, Stephe. 1993. *The politics Presidents make: Leadership from John Adams to George Bush*. Cambridge, MA: Harvard University Press.

2. 논문

Bell, P. 2001. "Content analysis of visual images." in T. Leeuwen and C. Jewitt(eds.). *Handbook of visual analysis*. Thousand Oaks, CA: Sage publication.

De Vreese, Claes H., Jochen Peter and Holli A. Semetko. 2001. "Framing Politics at the Launch of the Euro: A Cross-National Comparative Study of Frames in the News." *Political Communication*, 18, pp. 107~122.

Eisenegger, Mark. 2009. "Trust and reputation in the age of globalisation." in Joachim Klewes and Robert Wreschniok(eds.). *Reputation Capital: Building and Maintaining Trust in the 21st Century*. Springer Heidelberg Dordrect London New York, pp.

11~22.

Entman, R. M. 1993. "Framing: Towards clarification of a fractured paradigm." *Journal of Communication*, 43, pp. 51~58.

Lee, Tien-Tsung et al. 2004. "Looking Presidential: A comparison of newspaper photographs of Candidates in the United States and Taiwan." *Asian Journal of Communication*, 14(2), pp. 121~139.

McCombs, M. and D. Shaw. 1972. "The agenda setting function of mass media." *Public Opinion Quarterly*, 36, pp. 176~187.

Messaris, P. and L. Abraham. 2001. "The role of images in framing news stories." in S. Reese et al.(eds.). *Framing Public Life*, pp. 215~226. Mahwah, NJ: Lawrence Erlbaum.

Mullen, Lawrence J. 1997. "The president's image from 1945 to 1974: an analysis of spatial configuration in news magazine photographs." *Presidential Studies Quarterly*, Fall 1997, 27, 4. pp. 819~834.

Scheufele, D. A.1999. "Framing as a theory of media effects." *Journal of Communication*, 49(1), pp. 103~122.

Winfield, B. H., T. Mizuno and C. E. Beaudoin. 2000. "Confucianism, Collectivism and Constitutions: Press Systems in China and Japan." *Communication Law and Policy*, 5(3), pp. 1081~1680.

Yu, Youngkee. 2005. "Policy or politics?: A study of the priming of media frames of the south Korean President in the public mind." *International Journal of Public Opinion Research*, 18(1), pp. 49~66.

북한 문헌

1. 단행본

김일성. 1979~. 『김일성저작집』. 조선로동당출판사.

김정일. 1992~. 『김정일 선집』. 조선로동당출판사.

리양일. 2003. 『주체영화리론총서 7: 영화촬영』. 문학예술출판사.

엄기영. 1989. 『신문학개론』. 김일성종합대학출판사.

조선로동당중앙위원회. 1985. 『출판보도사업에 대한 당의 방침해설』. 조선로동당출판사.

2. 논문

김정일. 1994. 「영화예술론」(1973년 4월 11일). 『김정일선집』, 제3권. 조선로동당출판사.

유락길. 1995. 「만민의 심장 속에 영원할 인민의 어버이에 대한 훌륭한 형상: 선전화 ≪위대한 수령 김일성동지는 영원히 우리와 함께 계신다≫에 대하여」. ≪조선예술≫, 제1호.

지덕종. 1990. 「위대한 수령님의 초상휘장」. ≪조선예술≫, 제11호. 문학예술종합출판사.

_____. 1994. 「직관선동미술의 예술성을 높이자」. ≪조선예술≫, 제1호. 문학예술종합출판사.

3. 신문 및 기타 자료

≪로동신문≫ 각 호.

≪문학신문≫ 각 호.

『백과전서 3』. 1983. 과학, 백과사전출판사.

『조선대백과사전』. 2000. 백과사전출판사.

『조선중앙년감』.

후기

남북한의 문제는 쉬울 듯하면서 어렵고, 금세 풀릴 듯하면서도 풀리지 않는다. 1996년 ≪동아일보≫ 입사 시험 때 영어 작문 주제가 "앞으로 10년 후 남북 관계가 어떻게 될지에 대한 본인의 견해를 밝혀라"였다. 필자의 첫 문장은 "The reunification of two Koreas is in the offing"이었던 것으로 기억한다. 통일이 앞바다에 와 있다고 주장했던 것이다. 1991년 한반도 비핵화 공동선언, 1992년 남북 기본합의서 작성, 1994년 여름 김일성 사망. 이런 분위기에서 대학 생활과 군 생활을 했던 필자에게 통일은 먼 미래의 이야기가 아니었다. 거기다 1990년대 중반 북한은 고난의 행군이라는 전대미문의 경제난을 겪었고, 국내 TV와 신문은 탈북자와 꽃제비의 이미지를 국민에게 전해주었다. 통일이 멀리 있다는 주장 자체가 난센스였던 시기였다. 그런데 입사 시험을 친 후 이미 19년이 지났다. 회사는 예측력이 없는 기자를 한 명 뽑은 셈이 되었다. 북한의 제3차 핵실험으로 한국과 국제사회는 혼란에 빠졌다. 김정은은 집권 2년 만에 고모부인 장성택을 처형하고 3년 반 만에 측근들을 대규모로 숙청함으로써 전 세계에 보란 듯이 자신의 잔혹함을 드러내고 있다. 북한과 김정은은 우리에게 여전히 풀리지 않는 숙제이다.

이명박 대통령 시절에 북한을 담당했던 한 정부 당국자는 "우리나라처럼 관료가 자주 바뀌는 체제에서야 오히려 정부의 정보를 빼내기가 쉽지만, 북한처럼 한번 관료가 되면 비록 중간에 계급 강등이나 처벌을 받더라도 일정한 시간이 되면 복권이 되어 다시 관료가 되는 사회에서는 이너 서클에서만 나올 수 있는 정보를 취득하는 게 쉽지 않다"라며 북한 정보의 취득이 쉽지 않다는 것을 토로했다.

북한을 연구하는 방법론, 즉 북한 연구 방법론이라는 것이 하나의 학문 분야가 될 만큼 북한을 읽는다는 것은 지난한 과정이다.

필자는 북한이 외부 세계에 공식적으로 보여주는 사진을 통해 북한을 읽는다. 이 방법이 북한을 읽는 유일한 방법이 아니라는 것도 잘 알고, 얼마나 불충분하고 불안정한 정보인지도 잘 안다. 그러나 북한에 대한 접근이 여전히 차단된 2015년의 상황에서 그나마 북한이 내놓는 사진 자료를 통해 북한을 읽어보겠다는 노력이 북한의 속내를 이해하는 데 조금이나마 도움이 되었으면 좋겠다.

많이 부족한 책이다. 김정은 정권 출범 2년 차였던 2013년에 초고를 써놓고도 세상에 내놓지 못했다. 그러나 그 부족함이 언제 채워질지 모르겠다는 마음에 용기를 내서 세상에 내놓는다. 하지만 독자 여러분의 지적을 겸허히 받아들이고자 한다. 잘못된 부분을 발견하신다면 알려주시기를 바란다(photobyw@naver.com). 가족과 지도 교수님, 회사 선후배와 동료, 동학들 등 일일이 열거할 수 없을 만큼 많은 분께 신세를 졌다. 특히 이렇게 귀중한 지면을 허락해준 김종수 사장님과 박행웅 고문님, 윤순현 과장님, 이황재 님 등 한울 가족들께 두 배의 감사를 드린다.

찾아보기

가

건강 이상설 19, 28, 56, 62, 68~69, 85,
  87~88, 138, 140, 142, 145, 147, 149,
  151, 153, 157, 160, 162, 171~172, 178
경비행기 47
경호원 54~56, 109, 145, 197
고해상도 80
구호 나무 121~122
국가 이미지 45
권총 56, 65, 125
근위 서울 유경수 제105탱크
  사단(제105탱크 사단) 29, 171~173
금수산태양궁전 13, 116, 155, 171,
  199~200
기념사진 19, 22, 29, 34~35, 61, 88, 118,
  120~121, 125, 136, 145~147, 153~156,
  162, 171, 176~178, 203, 206~209
김일성광장 51, 53, 79, 81, 188
꽃제비 68, 223

나

남북 정상회담 80, 91, 148
노동신문 16, 22~25, 28~31, 33~35, 37,
  40, 46~47, 62, 69, 77, 83, 85, 88, 97,
  107, 118~121, 123~124, 128, 131, 134,
  136, 139~140, 143~145, 151, 154~156,
  169, 171~173, 178, 180, 183~185, 190,
  192, 199~200, 207~208, 213
놀이 시설 58, 97
뇌졸중 58, 69
능라인민유원지 58, 184, 199~200, 203

다

담배 18, 22, 45, 125
당대표자회 123, 127, 162, 169~171, 177,
  184
디 애틀랜틱 The Atlantic 23, 85

마

만수대창작사 127~129, 209

망원경　55, 61~63, 65, 125, 177

메타 데이터　31

바

백령도　64, 125~126

백마　92, 180~183

본사 정치보도반　107, 118~119, 145

북핵　66

사

사랑의 기념사진(사랑의 사진)　206~207

사인 정치　191~192

생방송　51, 59

생중계　51, 53, 79, 91, 190

세습　9, 11, 19, 29, 37, 47, 78, 92, 95, 109, 111~112, 115, 122, 156, 158, 197, 207

소년단　175, 207, 209, 213

수첩　54, 160, 197

스니커즈　148~149

쌍상 배지　66~68, 203

아

아나운서　100, 102~103, 171

악보　131~133

연평도　64, 125, 209, 212

열병식　51, 75, 79, 90~92, 162, 188, 207

영결식　13, 20, 51, 57, 67, 121, 128, 186

영상　15~16, 39, 51, 71, 75, 78, 89~90, 100, 102~103, 139, 143, 176, 183

위성사진　22

유경정주영체육관　46, 68, 76

의사 사실factoid　181~182

이어폰　164~166

자

장거리 로켓　47, 125

조국해방전쟁승리기념관　54

조선중앙텔레비전　37, 39, 51, 60, 91, 100, 113~114, 121, 144, 162, 171, 188, 200

조선중앙통신사(조선중앙통신)Korean Central News Agency: KCNA　15~16, 21, 40, 42, 66, 76~77, 86, 107, 118, 143, 145, 152~153, 156, 161, 170, 197, 199, 210, 213

조작 사진　19, 85~86, 88, 153

주비 硃批　192

차

철권통치　14, 71

청와대　54

축포　51

카

카리스마　33, 39, 61, 68, 113, 121, 197

캐치 라이트catch light　146

클로즈업　40, 80, 134~135, 173

타

탈북 16, 47, 97, 112, 139, 142, 144~145,
  168, 176, 206, 223

파

푸에블로호 USS Pueblo 66, 83
프레스센터 79

하

핵실험 43, 47, 54~55, 125, 148, 223
현충원 115~116
홍보 15, 34, 50~51, 69, 76, 78, 96, 122,
  148, 158, 202, 210
휴리스틱 heuristic(단서) 59

인명

김경희 58, 162~164, 197, 199, 203
김광현 75, 83
김기남 106, 109~125
김영남 53, 155~156
김옥 197~198, 201
김일성 10, 14, 26, 28~30, 34, 38~39, 51,
  57, 61, 64, 66~68, 70, 75~77, 82, 90, 92,
  94~95, 103, 107, 109, 111~112,
  115~119, 121~122, 124, 127~130,
  134~136, 139~142, 154~155, 158,
  162~163, 166, 168~169, 174~177, 182,
  185~191, 199~203, 207, 209, 213
김정일 10, 13~15, 19~21, 23, 25~26,
  28~31, 33, 35, 37~39, 41, 51, 56~58,
  61~62, 66~70, 75, 77, 80, 82, 85, 87~88,
  90~91, 97, 100, 103, 107~115, 117, 119,
  121~125, 127~131, 133~136, 138~142,
  144~154, 157~166, 169~178, 180,
  182~184, 186~188, 190~192, 197,
  199~203, 206~207, 209
김정철 94~96, 113~114
로드먼, 데니스 Dennis Rodman 46, 82, 184
이설주 35, 181, 197~205
이영호 69, 91, 142~143
장성택 14, 39~42, 51, 69, 143~144, 162,
  164, 197, 224
저우융캉 周永康 80

기타

1호 사진 10, 69, 88, 107, 118, 134,
  138~140, 142~145, 153~154, 162, 206
1호 사진가 107~108
AFP Agence France-Presse 75
AP Associated Press 24, 75~77, 79, 83~84
BBC British Broadcasting Corporation 79, 99,
  153
CNN Cable News Network 79, 82
PDF Portable Document Format 77, 85

변영욱

1996년에 ≪동아일보≫에 입사해 현재까지 사진부 기자로 일하고 있다. 2003년부터 북한의 ≪노동신문≫과 조선중앙통신사를 통해 북한 정치 사진을 살펴보고 있다. 1949년부터 2005년까지 ≪노동신문≫에 실린 김일성과 김정일의 사진을 분석해 북한대학원대학교에서 「북한 '1호 사진'의 변화」로 2007년에 석사 학위를 받았다. 2008년 여름에는 『김정일.jpg: 이미지의 독점』(한울)을 펴냈고, 이 책은 일본에서도 번역·출간되었다.

2015년 2월 성균관대학교에서 「남북한 최고통치자의 보도사진 프레이밍 비교」로 언론학 박사 학위를 받았다.

김정은.jpg

북한 이미지 정치 엿보기

ⓒ 변영욱, 2015

지은이 **변영욱** | 펴낸이 **김종수** | 펴낸곳 **도서출판 한울** | 편집책임 **조인순** | 편집 **이황재**

초판 1쇄 인쇄 **2015년 11월 20일** | 초판 1쇄 발행 **2015년 11월 30일**

주소 **10881 경기도 파주시 광인사길 153 한울시소빌딩 3층** | 전화 **031-955-0655** | 팩스 **031-955-0656**
홈페이지 **www.hanulbooks.co.kr** | 등록번호 **제406-2003-000051호**

Printed in Korea.
ISBN 978-89-460-6089-0 03070 (양장)
ISBN 978-89-460-6090-6 03070 (반양장)
* 책값은 겉표지에 표시되어 있습니다.

이 책은 관훈클럽신영연구기금의 도움을 받아 저술 출판되었습니다.